D1663245

Der Einigungsprozess Europas hat einem über Jahrhunderte hinweg vom Krieg zerfleischten Kontinent eine inzwischen fast sieben Jahrzehnte während Friedensphase beschert. Abgesehen von ein paar unverbesserlichen Skeptikern ist den meisten Europäern das damit verbundene Glück bewusst, auch wenn dieser Friede in vielerlei Hinsicht seinen Preis fordert. Längst ist nicht alles im teils bereits vereinten, teils noch zusammenwachsenden Europa zum Besten bestellt. In diesem Band bietet die Europajournalistin Ruth Reichstein informative und nachdenkliche Antworten auf 101 anregende, kritische und mitunter auch provozierende Fragen. Gerade in der heutigen Situation, da verantwortungslose Politiker, ein hemmungsloser Kapitalismus und die Gier der Finanzjongleure das Erreichte zu gefährden drohen, ist dieses Buch von besonderer Aktualität.

Ruth Reichstein – Master of Eurojournalism, Robert-Schuman-Universität Straßburg – lebt seit 2004 mit ihrer deutsch-französischen Familie in Brüssel. Sie arbeitet als freie Autorin für verschiedene Zeitungen, Fernseh- und Radiosender und berichtet unter anderem für den Westdeutschen Rundfunk, das Deutschlandradio und die tageszeitung aus der Hauptstadt der Europäischen Union. Bis zu den Europawahlen im Mai 2014 ist sie als Medienberaterin im Europäischen Parlament tätig.
Mehr unter http://www.rrreportage.com

Ruth Reichstein

Die 101 wichtigsten Fragen
Die Europäische Union

C.H.Beck

1. Auflage in der beck'schen Reihe. 2012

Mit neun Abbildungen, einer Karte und zwei Schaubildern

Weitere Informationen der Autorin zu aktuellen Entwicklungen in der
Europäischen Union finden Sie unter www.chbeck.de/go/101Fragen-EU

Originalausgabe
2., überarbeitete und aktualisierte Auflage
in C.H.Beck Paperback. 2014
© Verlag C.H.Beck oHG, München 2012
Satz: Fotosatz Amann, Memmingen
Druck u. Bindung: Druckerei C.H.Beck, Nördlingen
Umschlaggestaltung: malsyteufel, Willich
Umschlagabbildung: © MACLEG – Fotolia
Printed in Germany
ISBN 978 3 406 66974 3

www.beck.de

Inhalt

Kultur, Sprache, Symbole 37

Institutionen 49

Geografie und Natur

1. Wo verlaufen die Grenzen der Europäischen Union? Die Grenzen der Union sind, anders als bei einzelnen Staaten, nicht endgültig: Mit jedem neuen Beitritt wird die Union größer und die Grenzen verschieben sich (→ 15). Bei der Gründung der Europäischen Gemeinschaften in den 1950er Jahren bildeten die Landesgrenzen von Frankreich, Italien, Deutschland, Belgien, Luxemburg und den Niederlanden die Grenzen des Staatenbundes. Mittlerweile ist die Europäische Union auf über vier Millionen Quadratkilometer angewachsen. Das entspricht 58 Mal der Fläche Bayerns.

Die derzeitigen Grenzen bestehen seit dem Beitritt der mittel- und osteuropäischen Länder 2004. Seitdem verlaufen die Außengrenzen der Europäischen Union im Westen entlang des Atlantiks von Großbritannien und Irland im Norden über Frankreich bis hinunter nach Portugal. Im Süden limitiert das Mittelmeer die Europäische Union von Spanien, über die französische Côte d'Azur, rund um Italien bis nach Griechenland. Dazu kommen die Inseln Zypern und Malta. Im Osten verläuft die Grenze auf dem Festland von Bulgarien und Rumänien über die Slowakei und Polen hinauf zu den baltischen Staaten und Finnland. Den Abschluss bilden Schweden und Dänemark. Innerhalb dieser Grenzen liegen als Nicht-EU-Inseln die Schweiz und die Balkanstaaten, wobei viele von ihnen bereits Beitrittsanträge gestellt haben. Kroatien ist als erstes Land im Juli 2013 beigetreten. Damit haben sich die Grenzen wieder leicht verschoben.

Umstritten ist, wo das absolute Limit für die Ausbreitung der Europäischen Union liegt (→ 101). Laut den Verträgen können alle Länder beitreten, die auf dem europäischen Kontinent liegen. Aber das zu bestimmen ist nicht einfach. Im Westen, Norden und Süden ist die Abgrenzung klar: Der europäische Kontinent endet dort jeweils im Wasser. Island liegt genau auf der Grenze zwischen der europäischen und der amerikanischen Kontinentalplatte und ist damit der potentiell westlichste Vorposten der Europäischen Union.

Schwieriger gestaltet sich die Frage im Osten, denn dort gibt es keine klare Abgrenzung zwischen Europa und Asien. Die geltende Meinung ist, dass Europa am Uralgebirge endet. Das verläuft quer durch Russland. Damit liegen Russland, Kasachstan und die Türkei sowohl in Europa als auch in Asien. Wenn es politisch gewollt ist, kann sich die Europäische Union also eines Tages bis dorthin ausbreiten.

Außenposten der Europäischen Union sind die Überseegebiete einzelner Staaten wie zum Beispiel das französische Departement La Réunion, das vor Madagaskar liegt, oder die spanischen Exklaven Ceuta und Melilla in Nordafrika.

2. Was ist die längste mögliche Entfernung innerhalb der Europäischen Union? Im direkten Flug sind es rund 4300 Kilometer von Tarifa an der Südküste der iberischen Halbinsel bis zum nördlichsten Zipfel Finnlands. Ein Vogel würde dabei erst Spanien, dann einen Teil Frankreichs überfliegen, bevor er die Nordsee überquert – vorbei an Belgien, den Niederlanden und Dänemark. Dann geht es über Schweden hinauf nach Finnland. Verlängert man die Reise bis auf die Kanarischen Inseln, kommen noch einmal über 1400 Kilometer hinzu.

Von Osten nach Westen führt die längste Distanz von rund 3300 Kilometern von der rumänischen Grenze am Schwarzen Meer bis an die Küste Portugals. Allerdings führt dieser Flug auch über Nicht-EU-Länder auf dem Balkan wie Serbien und Bosnien-Herzegowina.

Mit dem Auto braucht man für diese Strecken mehrere Tage. Von Tarifa bis Utsjoki kurz vor der finnisch-russischen Grenze wäre man ohne Pause zwei Tage und sieben Stunden unterwegs. Zweimal geht es dabei auf die Fähre.

Mit dem Fahrrad gibt es ebenfalls eine Möglichkeit, einmal quer durch Europa zu fahren: den «Iron Curtain Trail», einen Fahrradweg, der am ehemaligen Eisernen Vorhang entlangführt. Der Weg ist knapp 9000 Kilometer lang und führt durch 20 Länder – davon sind heute 14 Mitglieder der Europäischen Union. Er beginnt ganz im Norden Finnlands und schraubt sich an der finnisch-russischen Grenze Richtung Süden, er führt quer durch Deutschland an der ehemaligen innerdeutschen Grenze entlang und dann parallel zur Donau über den Balkan, durch Griechenland und Rumänien bis ans Schwarze Meer.

3. Welche Zeitzonen hat die Europäische Union? Die Europäische Union ist in vier Zeitzonen unterteilt: In den meisten Ländern, darunter auch Deutschland, gilt die so genannte mitteleuropäische

Zeit. Um sie zu errechnen, muss man zur Weltzeit eine Stunde hinzuaddieren. In dieser Zeitzone liegen insgesamt 16 EU-Länder.

In Großbritannien und Irland gilt die so genannte Greenwich Mean Time. Sie liegt eine Stunde hinter Kontinentaleuropa zurück.

Die Westliche europäische Zeit bestimmt den Rhythmus in Portugal und auf den Kanarischen Inseln. Auch sie liegt eine Stunde hinter der mitteleuropäischen Zeit. Die portugiesische Inselgruppe der Azoren hinkt sogar noch eine Stunde mehr hinterher.

Bei der EU-Erweiterung 2004 hat sich auch eine Zeitzone vergrößert: die Östliche europäische Zeit. Sie gilt in Finnland, Estland, Lettland, Litauen, Rumänien, Bulgarien, Griechenland und auf Zypern. In diesen Ländern ist es immer eine Stunde später als in Mitteleuropa.

Einheitlich geregelt ist dagegen die Umstellung von der Winter- auf die Sommerzeit. Die Sommerzeit gilt EU-weit jedes Jahr vom letzten Sonntag im März bis zum letzten Sonntag im Oktober. Das Anfangsdatum haben die Mitgliedsstaaten bereits 1980 verbindlich festgelegt. Seit einer Richtlinie aus dem Jahr 1994 gilt auch das gemeinsame Enddatum. Die Länder wollen die Helligkeit am Abend ausnutzen und Energie sparen. Immer wieder gibt es Initiativen – zum Beispiel von einzelnen EU-Abgeordneten –, die den Nutzen der Zeitumstellung anzweifeln und versuchen, die Sommerzeit abzuschaffen. Bisher hat sich dafür aber noch keine Mehrheit gefunden.

4. Was hat die bayerische Gemeinde Westerngrund mit der Europäischen Union zu tun? In der rund 2000-Seelen-Gemeinde liegt seit dem EU-Beitritt Kroatiens am 1. Juli 2013 der geografische Mittelpunkt der EU. Ganz genau wurde dieser Punkt vom französischen Institut für Geografie in Paris im Stadtteil Oberwestern berechnet.

Der Mittelpunkt der Union hat sich in den vergangenen Jahren immer wieder verschoben. Bis zum Beitritt des Balkanstaats lag er in der hessischen Stadt Gelnhausen im Stadtteil Meerholz. Dort markiert noch immer eine drei Tonnen schwere runde Skulptur aus rotem Sandstein das ehemalige EU-Zentrum. Diese riesige Dose ist gefüllt mit Sand und Erde aus den 27 EU-Mitgliedsstaaten – ohne Kroatien.

Der Ingenieur Jean-Georges Affholder hat die mathematische Formel für die Berechnung des EU-Zentrums in den 1980er Jahren entwickelt. Sie berücksichtigt die Krümmung der Erde und besteht aus mehreren Algorithmen.

Bei jedem Beitritt änderte sich auch das geografische Zentrum der EU. Zwischen 1995 und 2004 lag er in der Nähe der belgischen Ortschaft Viroinval, unweit der französischen Grenze. Nach der EU-Osterweiterung im Mai 2004 mussten die Belgier den Mittelpunkt an Deutschland abgeben: Knapp drei Jahre lang lag er im rheinland-pfälzischen Kleinmaischeid in der Nähe von Koblenz. Mit dem Beitritt von Bulgarien und Rumänien hat sich das Zentrum noch einmal um 120 Kilometer nach Südwesten bis Gelnhausen verschoben, bevor er nun im bayerischen Westerngrund berechnet wurde.

5. Welche Stadt ist die größte, welcher Fluss der längste, welcher See der tiefste und welcher Berg der höchste in der Europäischen Union? Die britische Hauptstadt London liegt eindeutig auf dem ersten Platz. Dort leben rund 7,8 Millionen Menschen auf 1500 Quadratkilometern. Zwischen 2009 und 2010 ist die Bevölkerung dort um 70 000 Personen gewachsen. Ein Großteil dieser Neu-Londoner kommt aus den anderen EU-Staaten. Auf dem zweiten Platz liegt Berlin mit 3,5 Millionen Menschen auf 892 Quadratkilometern. Danach folgt Madrid mit 3,3 Millionen Einwohnern.

Die französische Hauptstadt Paris liegt mit 2,2 Millionen nur auf Platz fünf. Allerdings ist der Vergleich schwierig, weil die Verwaltungshoheit der Städte je nach Land unterschiedlich weit geht. Madrid hat demnach ein wesentlich größeres Einzugsgebiet als Paris und gilt deshalb als die größere Stadt, auch wenn um die französische Hauptstadt herum insgesamt über zehn Millionen Menschen leben.

Bei den Flüssen liegt die Donau in Führung. Sie ist mit rund 2850 Kilometern der längste Fluss der Europäischen Union. Sie entspringt aus den beiden Bächen Breg und Brigach im Schwarzwald und fließt durch zehn Länder bis ins Schwarze Meer. Davon sind nur zwei, nämlich Serbien und die Ukraine, (noch) keine EU-Länder. Auf dem europäischen Kontinent muss sich die Donau lediglich der Wolga geschlagen geben. Sie ist noch länger, führt aber durch Russland und liegt damit außerhalb der Europäischen Union.

Bei der Hitliste der europäischen Seen liegen ebenfalls zwei russische, Ladoga und Onega, an der Spitze. An dritter Stelle folgt dann aber schon der größte See der Europäischen Union: Es ist der Vänern im Südosten Schwedens. Er bedeckt eine Fläche von über 5500 Quadratkilometern und ist an seiner tiefsten Stelle 106 Meter tief. In diesem Gewässer sind die weltweit größten Seelachse zu Hause. Sie erreichen ein Durchschnittsgewicht von 18 Kilogramm.

In Schweden und Finnland gibt es noch zahlreiche andere Seen, die eine Fläche von über 1000 Quadratkilometern haben.

Der Bodensee ist nur 540 Quadratkilometer groß. Allerdings bekommt er das Prädikat des tiefsten Sees der Europäischen Union mit einer Maximaltiefe von 252 Metern. Der Léman-See bei Genf ist zwar mit 310 Metern tiefer, liegt aber zum Teil auf Schweizer Hoheitsgebiet und gehört damit nicht komplett zur Europäischen Union.

Ein vollwertiger «EU-Bürger» ist dagegen der höchste Berg des Kontinents: der Mont Blanc. Der Berg in den französischen Alpen ist stolze 4810 Meter hoch. Die einzige Konkurrenz bekommt er vom Elbrus im Kaukasus. Der ist über 5600 Meter hoch, liegt aber nach der allgemein gültigen Definition bereits in Asien.

6. Warum lässt die Europäische Union immer mehr Tierarten aussterben? Weltweit sterben jeden Tag rund 100 Tier- und Pflanzenarten aus. Dieser Trend macht auch vor der Natur in der Europäischen Union nicht Halt. Auf der roten Liste, die die Europäische Umweltagentur führt, stehen über 6000 bedrohte Tierarten. Darunter finden sich zum Beispiel der iberische Luchs, der Schneehase, bestimmte Reh- sowie Feldmausarten und das Käuzchen. Allein zwischen 1990 und 2000 ging der Bestand des Nachtvogels um zehn Prozent zurück. In Deutschland sind außerdem rund 50 Schmetterlingsarten vom Aussterben bedroht. Insgesamt sind nach Angaben der EU-Umweltagentur in den 28 Mitgliedsstaaten 25 Prozent aller Meeressäugetiere, 22 Prozent der Amphibien, 21 Prozent der Reptilien, 15 Prozent der Landsäugetiere, 16 Prozent der Libellen, 12 Prozent der Vögel und 7 Prozent der Schmetterlinge gefährdet.

Schuld daran ist der Mensch, der seinen Lebensraum auf Kosten der Natur gestaltet und ausweitet – mit dem Ausbau von Straßen, der Abholzung von Wäldern und der Umweltverschmutzung, die durch Verkehr und Industrie verursacht wird. Bisher ist es der Europäischen Union nicht gelungen, diesen Trend zu stoppen.

Bis 2020 wollen die EU-Mitgliedsstaaten das Artensterben aufhalten. Helfen sollen verschiedene EU-Richtlinien und Vorgaben – wie zum Beispiel die Natura-2000-Regelung. Mit dieser Richtlinie haben sich die Mitgliedsstaaten verpflichtet, besondere Schutzgebiete einzurichten. Diese bedecken mittlerweile rund 20 Prozent der gesamten EU-Fläche. Abhängig von den jeweiligen Lebensräumen müssen die Mitgliedsstaaten in diesen Gebieten besondere Schutzmaßnahmen ergreifen. Dazu gehören zum Beispiel grüne Brücken über Straßen, die die Tiere bei ihren Wanderungen nutzen können, oder Fischleitern in Flüssen, die durch Staudämme unterbrochen wurden. Außerdem erhalten Landwirte eine finanzielle Entschädigung, wenn sie wegen dieser Umweltschutzmaßnahmen ihre Bewirtschaftung einschränken oder verändern müssen. Bisher sind zwar viele Natura-2000-Gebiete ausgewiesen, aber die Mitgliedsstaaten haben noch kaum Projekte zum tatsächlichen Schutz der Tiere und Pflanzen angestoßen.

Außerdem gibt es keine spezielle EU-Finanzierung für die Schutzräume. Die Programme müssen aus verschiedenen Fonds im EU-Haushalt finanziert werden, was bisher noch nicht gut funktioniert. Die Umweltschutzorganisation WWF hat errechnet, dass zur Ausstattung der Natura-2000-Gebiete jährlich rund 5,8 Milliarden Euro notwendig wären. Zurzeit werden davon vom EU-Haushalt nur 20 Prozent gedeckt. Das ist zu wenig, um die Artenvielfalt zu erhalten.

7. Wie wirkt sich der Klimawandel in den Ländern der Europäischen Union aus? Wissenschaftlich ist es schwer nachzuweisen, welche extremen Wetterereignisse schlicht Ausnahmen sind und welche tatsächlich durch die Erderwärmung verursacht werden. Festzustellen ist, dass Umweltkatastrophen zunehmen. Immer häufiger treten Flüsse wie die Oder und die Elbe über die Ufer und verursachen zerstörerische Überschwemmungen. In Spanien, Portugal und Griechenland führt die extreme Trockenheit immer wieder zu Waldbränden. Klimaforscher und Umweltschützer sind überzeugt, dass dafür der Klimawandel mitverantwortlich ist.

Das Forschungsinstitut «International Panel on Climate Change» (IPCC) hat Szenarien entworfen, wie sich der Klimawandel in Zukunft auf die EU-Länder auswirken wird:

Die Forscher gehen davon aus, dass die Durchschnittstemperaturen bis Ende dieses Jahrhunderts um 1,1 bis 6,4 Grad ansteigen werden im Vergleich zur vorindustriellen Zeit. Dieser Anstieg lässt schon heute immer mehr Gletscher und Eisflächen schmelzen. Allein 2010 verschwand in Grönland eine Eisfläche von 419 Quadratkilometern. Bis Ende des Jahrhunderts könnten nach Berechnungen der Klimaexperten alle Gletscher in den Alpen abgeschmolzen sein. Das würde zu einem Anstieg des Meeresspiegels von Nord- und Ostsee sowie des Atlantiks und des Mittelmeers führen. Bis Ende des Jahrhunderts rechnen die Klimaforscher mit einem Anstieg von bis zu einem halben Meter.

Etwa ein Drittel der EU-Bevölkerung lebt zurzeit weniger als 50 Kilometer von den betroffenen Küsten entfernt. Dieser Wohn- und Wirtschaftsraum ist durch den Anstieg des Meeresspiegels unmittelbar gefährdet. Die EU-Kommission rechnet für die europäische Wirtschaft mit einem Verlust von rund sechs Milliarden Euro jährlich ab 2020, falls die Länder keine Schutzmaßnahmen treffen. Auch Sturmfluten werden wahrscheinlicher – vor allem an den Küsten der Nordsee in den Niederlanden und in Belgien. Etwa ein Viertel der Niederlande liegt bereits unter dem aktuellen Meeresspiegel.

Das Risiko nimmt auch in den Flussregionen zu. Zwischen 1998 und 2004 gab es in Europa 100 Mal Hochwasser und Überschwemmungen – vor allem entlang der Donau und der Elbe. Rund 700 Menschen starben, über eine halbe Million EU-Bürger verloren ihr Zuhause. Der Verlust für die Wirtschaft in den betroffenen Ländern wird auf 25 Milliarden Euro geschätzt. Solche Katastrophen werden mit den Jahren immer wahrscheinlicher.

Für die Länder am Mittelmeer sagt das IPCC dagegen vor allem Trinkwasserprobleme voraus, weil das Salzwasser sich weiter ins Landesinnere fressen und gleichzeitig das Risiko von Trockenheit ansteigen wird. Schon jetzt leiden rund elf Prozent der EU-Bevölkerung unter Wasserknappheit. Dürren haben seit den späten 1970er Jahren um 20 Prozent zugenommen. 2003 forderte eine besonders starke Hitzewelle 30 000 Todesopfer in der Europäischen Union, 14 000 allein in Frankreich.

8. Was verbirgt sich hinter dem 20-20-20-Ziel der Europäischen Union? Im März 2007 einigten sich die EU-Staats- und Regierungschefs auf dieses Projekt. Dabei geht es um drei Klimaschutzziele für das Jahr 2020: Erstens: Der Ausstoß von Treibhausgasen soll im Vergleich zu 1990 um 20 Prozent reduziert werden. Zweites: Der Anteil der erneuerbaren Energien am Gesamtverbrauch soll um 20 Prozent steigen. Und drittens: Der Energieverbrauch soll um 20 Prozent gesenkt werden. Damit will die Europäische Union ihren Beitrag zum weltweiten Klimaschutz leisten. Ein gutes Jahr später, im

Dezember 2008, segneten die Mitgliedsstaaten ein ganzes Paket von Regeln ab, die helfen sollen, diese Ziele auch tatsächlich zu erreichen: Jedes Land hat ein eigenes, nationales Ziel für die erneuerbaren Energien bekommen. Malta muss den Anteil von Biomasse-, Wind-, Wasser- und Sonnenenergie von null auf zehn Prozent erhöhen. Schweden muss den Anteil von 39,8 auf 49 Prozent bringen und Deutschland von 5,8 auf 18 Prozent.

Nationale Vorgaben gibt es auch für die Einsparung von Treibhausgasen etwa im Verkehr und in der Landwirtschaft. Diese orientieren sich an der jeweiligen Wirtschaftsleistung des Landes. Die reichsten EU-Staaten müssen bis zu 20 Prozent einsparen. Die Ärmsten dürfen ihre Emissionen sogar um 20 Prozent steigern.

In der Industrie sollen die Einsparungen durch den Emissionshandel erreicht werden. Die Idee dahinter ist folgende: Ein Unternehmen darf nur so viel CO_2 ausstoßen, wie es Rechte in Form von Zertifikaten erworben hat. Eine gewisse Anzahl solcher Zertifikate ist kostenfrei. Stößt ein Unternehmen mehr schädliche Treibhausgase aus, muss es dafür bezahlen. Durch die Wirtschaftskrise gibt es allerdings Zertifikate im Überfluss. Der Preis liegt so niedrig, dass durch den Emissionshandel bisher keinerlei Einspar-Anreize für die Unternehmen geschaffen wurden.

Auch die Klimaziele erweisen sich als wenig ambitioniert: Die meisten EU-Länder konnten bereits ihre Vorgaben erfüllen, ohne dafür größere Anstrengungen oder Veränderungen in ihrer Energieversorgung unternehmen zu müssen. Die Wirtschaftskrise hat die Emissionen automatisch verringert. Dazu kommt, dass die Mitgliedsstaaten bei der Berechnung ihrer CO_2-Bilanz einen kleinen Trick anwenden dürfen: Die Länder dürfen in ihre Bilanz auch die Einsparungen einrechnen, die sie mit Projekten in Entwicklungsländern erreicht haben. Wenn also zum Beispiel die deutsche Bundesregierung den Bau von Solarzellen in Marokko finanziert und damit dort Kohle oder Gas eingespart wird, darf Deutschland diesen Gewinn in die heimische Bilanz aufnehmen. Greenpeace hat errechnet, dass die EU-Länder aber mindestens 30 Prozent CO_2 «zu Hause» einsparen müssten, um effektiv gegen den Klimawandel vorzugehen.

Außerdem fehlt in vielen Ländern der Wille zu Innovationen bei den erneuerbaren Energien. Einige Länder wie Belgien, die Tschechische Republik oder die Slowakei setzen zur Treibhausgas-Reduktion fast ausschließlich auf Biomasse und nur zu einem sehr geringen Teil auf Solar- oder Windenergie. Es ist aber noch völlig unklar, woher die Biomasse für die neuen Kraftwerke kommen soll.

Im globalen Vergleich ist die Europäische Union im Klimaschutz weiter als die meisten anderen Länder. Weltweit gibt es noch keine verbindlichen Klimaschutzziele für die Zeit nach 2012. Die Europäische Union hat auf der UN-Klimakonferenz in Durban Ende 2011 zwar erreicht, dass auch die USA und China versprochen haben, an einem Fahrplan für einen globalen Klimaschutzplan mitzuarbeiten. Aber konkrete Zusagen gibt es auch nach der Internationalen Klimakonferenz in Warschau im November 2013 nicht. Die Klimaschützer hoffen nun auf die nächste Konferenz, die 2015 in Paris stattfinden soll. Allerdings sieht es schlecht aus: Auch die Europäische Union schwächelt im Klimaschutz. Ihre internationale Vorreiterrolle hat sie längst verloren. Auch innerhalb der Union tobt derzeit ein Streit um die Klimaziele für 2030. Bisher wehren sich viele Mitgliedsstaaten gegen verbindliche Ziele vor allem für erneuerbare Energien und Energie-Einsparungen. Von einem internationalen Abkommen sind wir deshalb noch weit entfernt.

9. Dürfen in der EU gentechnisch veränderte Pflanzen angebaut werden? Der Aufschrei in vielen EU-Mitgliedsstaaten war groß Anfang 2014: Obwohl eine Mehrheit im Europäischen Parlament und die Mehrheit der Mitgliedsstaaten den Anbau abgelehnt hatten, wurde die Zulassung des Genmais 1507 in der Europäischen Union vorerst nicht verboten. Die EU-Kommission wollte darüber in Ruhe nach den Wahlen zum Europäischen Parlament im Mai 2014 entscheiden. Seitdem laufen zahlreiche Kampagnen von Nicht-Regierungsorganisationen gegen den Mais, der gegen bestimmte Schädlinge resistent sein soll. Allerdings ist das wissenschaftlich nicht nachweisbar. Genauso wenig sind bisher mögliche negative Auswirkungen des Anbaus untersucht.

Für die Zulassung von gentechnisch veränderten Pflanzen gibt es in der Europäischen Union ein kompliziertes Verfahren. Für Anbau, Fütterung und den Import gelten die gleichen Regeln, die sogenannte Komitologie. Übersetzt heißt das so viel wie «Ausschuss-Wesen».

Und das funktioniert so: Die Anfragen – vor allem von US-amerikanischen Konzernen – laufen bei der Europäischen Kommission ein. Die schickt das Dossier an die Europäische Agentur für Lebensmittelsicherheit – kurz EFSA – in Parma.

Dort prüfen die Experten, ob die Pflanze schädlich für Mensch und Umwelt sein könnte, und geben dann eine Empfehlung an die EU-Mitgliedsstaaten ab. Sehr häufig fällt diese Empfehlung positiv aus.

Die Vertreter der Mitgliedsstaaten, meist ministerielle Beamte, treffen sich dann in einem Ausschuss in Brüssel und stimmen über die Zulassung ab. Wenn es keine qualifizierte Mehrheit (→ 60) gibt, dann geht das Dossier an die zuständigen Minister der Europäischen Mitgliedsstaaten. Wenn auch dort keine qualifizierte Mehrheit für oder gegen die Zulassung zustande kommt, dann kann die Europäische Kommission eigenmächtig über den Anbau entscheiden.

Genauso passierte es Anfang 2014 mit dem Genmais 1507. Auch weil sich die deutsche Bundesregierung bei der Abstimmung im zuständigen Ministerrat enthalten hatte, kam die notwendige Mehrheit nicht zu Stande und der Antrag liegt nun bei der Europäischen Kommission.

Zurzeit sind rund 50 Genpflanzen für den Import in die Europäische Union und zur Fütterung an Tiere zugelassen. Die Kartoffel Amflora vom BASF-Konzern war 2010 die erste gentechnisch veränderte Pflanze, die in der Europäischen Union angebaut werden durfte. Der Europäische Gerichtshof erklärte diese Zulassung aber im Dezember 2013 für nichtig.

Geschichte

10. Warum wurde die Europäische Union gegründet? Ihren Ursprung hat die Union in den 1950er Jahren. Nach dem Ende des Zweiten Weltkriegs suchten Politiker in den USA, in Großbritannien und Frankreich nach einer Organisationsform, die eine weitere kriegerische Auseinandersetzung auf dem europäischen Kontinent verhindern und gleichzeitig das Wirtschaftswachstum fördern sollte.

Der britische Politiker Winston Churchill, der bis 1945 Premierminister in London war, forderte schon ein knappes Jahr nach Ende des Zweiten Weltkriegs auf einer Konferenz in Zürich «eine Art Vereinigte Staaten von Europa». Sein Land sah er dabei nicht als Mitglied, sondern als eine Art Schutzpatron.

In den folgenden Jahren geisterten ständig Vorschläge zu einer europäischen Zusammenarbeit durch die Hauptstädte. Am 7. Mai 1948 trafen sich erstmals Politiker aus 17 europäischen Ländern – darunter auch Deutschland – in Den Haag, um über die Möglichkeiten einer europäischen Kooperation zu sprechen. Auch wenn es damals noch kein konkretes Ergebnis gab, half dieses Treffen, der späteren Gemeinschaft den Weg zu ebnen.

Realität wurde diese am 9. Mai 1950. Damals schlug der französische Außenminister Robert Schuman die Gründung einer Kohle- und Stahlunion zwischen Deutschland und Frankreich vor (→ 13). Italien und die drei Beneluxstaaten schlossen sich dieser Initiative an. Alle sechs Gründungsstaaten verfolgten dabei ihre eigenen Interessen – zusätzlich zu dem friedensstiftenden Gedanken:

Der Kriegsverlierer Deutschland wollte sich aus der absoluten Kontrolle durch die Alliierten befreien. Der erste deutsche Bundeskanzler Konrad Adenauer setzte sich vor allem für ein Ziel ein: die Gleichberechtigung seines Landes gegenüber den europäischen Nachbarn.

Die Franzosen litten Ende der 1940er Jahre unter einer schlechten wirtschaftlichen Lage und den aufkeimenden Aufständen in ihren Kolonien in Nordafrika. In Europa fürchteten sie eine Überproduktion von Kohle und Stahl und damit einen weiteren Preisverfall. Deshalb wollten sie eine europäische Kontrolle dieser Produktion. Außerdem hofften sie, dass sie in einer neu gegründeten Gemeinschaft die Führungsrolle übernehmen und sich so gegen den Verlust ihrer geopolitischen Stellung wehren könnten.

Belgier und Niederländer kämpften ohnehin schon für freien Handel in Europa und die Kohle- und Stahlunion war ein erster Schritt in diese Richtung. In Belgien machte die Kohle- und Stahlproduktion damals 35 Prozent der gesamten industriellen Produktion aus. Die Belgier hofften auf einen Wachstumsschub für ihre Unternehmen. Auch die Italiener und die Luxemburger setzten auf das wirtschaftliche Potential dieser Allianz. Außerdem war der Zusammenschluss für Italien – ähnlich wie für Deutschland – eine Chance, sich als neuer, demokratischer Staat zu etablieren.

Gleichzeitig wuchs der Druck durch den Kalten Krieg und durch die Abspaltung der Sowjetunion vom westlichen Europa.

Von all diesen Gedanken und Geschehnissen beeinflusst unter-

Jean Monnet und Robert Schuman, nach Unterzeichnung des Schuman-Plan-Vertrages, Quai de Orsay, Paris 1951

schrieben Frankreich, Italien, Luxemburg, Belgien, die Niederlande und Deutschland am 18. April 1951 den Vertrag von Paris über die Gründung der Europäischen Gemeinschaft für Kohle und Stahl (EGKS). Die beiden Sektoren bildeten das Herzstück der damaligen Wirtschaft. Es war logisch, die Zusammenarbeit genau damit zu beginnen.

Sechs Jahre später wurde diese «Montanunion» mit den Römischen Verträgen zur «Europäischen Wirtschaftsgemeinschaft» ausgebaut und bekam 1992 schließlich den Namen «Europäische Union» (→ 17).

11. Was haben Jean Monnet und Robert Schuman mit der Gründung zu tun? Die beiden Franzosen gelten als Gründungsväter der Europäischen Union. Der Unternehmer Jean Monnet und der Politiker Robert Schuman arbeiteten eng zusammen – der eine hatte eine brillante Idee, der andere sorgte für deren politische Umsetzung.

Als der damalige französische Außenminister Robert Schuman im September 1949 von einem Treffen mit seinen Amtskollegen aus Großbritannien und den USA aus New York zurückkam, hatte er einen schwierigen Auftrag bekommen: Er sollte innerhalb von acht Monaten einen Plan präsentieren, wie sich eine Katastrophe wie der

Zweite Weltkrieg auf dem europäischen Kontinent in Zukunft verhindern ließe. Für Frankreich war das die Gelegenheit, seine Führungsrolle im europäischen Politzirkus wieder zurückzuerobern und sich mit Großbritannien auf eine Stufe zu stellen.

Am 10. Mai 1950 sollte Schuman seinen beiden Amtskollegen in London Bericht erstatten. Aber bis Ende April hatte der französische Minister noch immer keinen Vorschlag. Der fiel ihm eher zufällig in die Hände: Am 28. April saß Schuman bereits im Zug im Pariser Nordbahnhof. Er wollte übers Wochenende in seine Heimatstadt Metz reisen. Da reichte ihm sein Kabinettsdirektor noch ein Blatt Papier in sein Abteil. Die 38 Zeilen, die darauf geschrieben standen, sollten am 9. Mai als «Schuman-Plan» den Grundstein für die europäische Einigung legen. Geschrieben hatte sie der Unternehmer Jean Monnet. Er war damals Vorsitzender des Planungsamtes der französischen Regierung und entwickelte Programme, die die französische Wirtschaft modernisieren sollten. Er war überzeugt, dass nur die Zusammenlegung der europäischen Kohle- und Stahlproduktion langfristig für Wirtschaftswachstum, Wohlstand und Frieden sorgen würde.

Genau so stand es in der Erklärung, die der französische Außenminister am 9. Mai um 18 Uhr in einer Pressekonferenz im Pariser Außenministerium vorstellte: «Die französische Regierung schlägt vor, die Gesamtheit der französisch-deutschen Kohle- und Stahlproduktion einer gemeinsamen Hohen Behörde zu unterstellen, in einer Organisation, die den anderen europäischen Ländern zum Beitritt offensteht. Die Zusammenlegung der Kohle- und Stahlproduktion wird sofort die Schaffung gemeinsamer Grundlagen für die wirtschaftliche Entwicklung sichern – die erste Etappe der europäischen Föderation.»

Robert Schuman hatte sich zuvor der Unterstützung seiner Regierung versichert. Gleichzeitig hatte ein Bote dem deutschen Bundeskanzler Konrad Adenauer den Vorschlag unterbreitet, der spontan und begeistert zustimmte. In seinen Memoiren erinnert sich Jean Monnet an eine Unterhaltung mit dem deutschen Bundeskanzler, in der klar wird, dass Adenauer sich sehr wohl der Tragweite des französischen Vorstoßes bewusst war. Er soll – laut Monnet – am Ende dieses Treffens gesagt haben: «Ich betrachte den französischen Vorschlag als die wichtigste Aufgabe, die vor mir steht. Sollte es mir gelingen, sie gut zu bewältigen, so glaube ich, ich habe nicht umsonst gelebt.»

Mit der Zusammenarbeit von Monnet und Schuman begann das europäische Abenteuer, das beide auch nach der Unterzeichnung der Gründungsverträge weiterverfolgten und gestalteten. Monnet wurde nie Premierminister oder Präsident seines Landes. Er leitete aber als Vorsitzender die Haute Autorité der Kohle- und Stahlgemeinschaft von 1952 bis 1955 und gründete danach einen Verein, der die weitere Integration der europäischen Staaten fördern sollte. Robert Schuman wurde 1958 zum ersten Präsidenten des Europäischen Parlaments gewählt.

12. Wie funktioniert der Euratom-Vertrag? Der Vertrag ist ein Überbleibsel aus der Gründungszeit der Europäischen Gemeinschaften. Er wurde gemeinsam mit dem Vertrag über die Europäische Wirtschaftsgemeinschaft am 25. März 1957 in Rom unterzeichnet und bildet somit die zweite Hälfte der Römischen Verträge. Es ist ein Vertrag, der seit seiner Unterzeichnung nicht entscheidend weiterentwickelt worden ist.

Gegründet wurde Euratom, weil den europäischen Ländern die Kohle ausging und sie neben den teuren Ölimporten nach einer alternativen Energiequelle suchten. Atomkraftwerke zu bauen war verlockend. Und bis heute steht in der Präambel des Vertrags, «dass Kernenergie eine unentbehrliche Hilfsquelle für die Entwicklung und Belebung der Wirtschaft und für den friedlichen Fortschritt darstellt».

Auch wenn das heutzutage nicht nur die deutschen Grünen bezweifeln, läuft der Vertrag weiter – mit den gleichen Zielen und nahezu der gleichen Funktionsweise wie bei seiner Gründung: Euratom soll die Entwicklung der Atomindustrie fördern und die Forschung auf diesem Gebiet vorantreiben. Dabei geht es nicht um Grundlagenforschung, sondern um Untersuchungen, die den Bau von Kraftwerken beschleunigen oder verbessern. Die Organisation kümmert sich auch um das Abfallmanagement und soll außerdem die Atomkraftwerke in den Mitgliedsstaaten kontrollieren.

Euratom ist bis heute ein weitgehend zwischenstaatliches Konstrukt. Die Europäische Kommission kann zwar auch in diesem Bereich Vorschläge machen, die Entscheidung liegt aber allein bei den Mitgliedsstaaten. Das Europäische Parlament wird nur angehört. So haben die Mitgliedsstaaten im Frühjahr 2011 die Richtlinien zum Umgang mit atomarem Abfall und zur Sicherheit von Atomkraftwerken quasi im Alleingang beschlossen. Auch Bürgerinitiativen, wie sie im Vertrag von Lissabon für andere Politikbereiche vorgesehen sind, gibt es im Euratom-Vertrag nicht. Es wäre also nicht möglich, eine Petition zur Abschaffung der Atomenergie einzureichen, selbst wenn über eine Million EU-Bürger dies befürworten würden (→ 50).

Unterdessen unterstützt Euratom weiterhin den Bau von Atomkraftwerken und die Forschung in diesem Bereich. Nach Berechnungen von Greenpeace fließen zwei Drittel der EU-Forschungsgelder für Energieprojekte in Atomenergie. Der größte Teil entfällt dabei auf den Forschungsreaktor ITER, der im südfranzösischen Cadarache gebaut wird. Dort versuchen sich die Forscher an der Kernfusion. Weitere Gelder werden zum Beispiel für die Verbesserung von Sicherheitsstandards in schon bestehenden Atomkraftwerken ausgegeben. Im laufenden mehrjährigen Haushaltsplan von 2014 bis 2018 sieht die EU ein Budget von 1,6 Millarden Euro für Euratom vor. Dazu kommen noch weitere 2,5 Milliarden für den Forschungsreaktor ITER.

13. Welche Rolle spielte Walter Hallstein für die Europäische Union? In Deutschland ist Hallstein für eine außenpolitische Strategie bekannt, die sogar nach ihm – damals Staatssekretär im Auswärtigen Amt – benannt wurde: Von 1955 bis 1969 folgte die Außenpolitik in Bonn der so genannten «Hallstein-Doktrin». Diese drohte Staaten, die mit der damaligen DDR diplomatische Beziehungen aufnahmen, mit diplomatischen und wirtschaftlichen Sanktionen. Die Beziehungen zur DDR galten als «unfreundlicher Akt». Für diese Linie wurde Hallstein immer wieder scharf kritisiert – und so war es ihm eine willkommene Abwechslung, als ihn der damalige Bundeskanzler Konrad Adenauer 1957 als ersten Präsidenten für die Europäische Kommission vorschlug.

Im Januar 1958 wurde der deutsche Jurist von den sechs Mitgliedsstaaten gewählt. Die frisch geschaffene Union hieß damals noch «Europäische Wirtschaftsgemeinschaft» und die Kommission zählte gerade einmal neun Mitglieder. Die drei großen Gründungsstaaten Deutschland, Frankreich und Italien entsandten jeweils zwei Vertreter in das Gremium. Aus den drei Beneluxstaaten kam ein Kommissar pro Land. Rund 200 Beamte arbeiteten in der Verwaltung, die sich provisorisch in Brüssel eingerichtet hatte (→ 24).

Hallstein stand an der Spitze. Seiner Stellung entsprechend lag sein Büro im Kommissionsgebäude gegenüber einem großen Brüsseler Park im obersten Stockwerk. An ihm lag es, der neuen Institution ein Gesicht zu geben und den Mitgliedsstaaten gegenüber die gemeinschaftliche Politik voranzubringen. Hallstein wollte eine starke europäische Integration und eine möglichst intensive Zusammenarbeit in wirtschaftspolitischen Fragen. Eine Erweiterung der Staatengemeinschaft interessierte ihn dagegen wenig.

Seine ehemaligen Mitarbeiter bezeichnen ihn als «gründlich» und «gewissenhaft». Er hat sich mit seiner europäischen Funktion identifiziert und wollte in möglichst großen Schritten vorangehen. Er legte mit seiner Arbeit den Grundstein für den späteren gemeinsamen Binnenmarkt. In seiner Amtszeit wurde die Zollunion vorbereitet, zu der sich die Gründungsstaaten 1968 zusammenschlossen und damit alle Ein- und Ausfuhrgebühren an den Binnengrenzen abschafften. Für Drittländer gilt seitdem ein einheitlicher Tarif für die gesamte Gemeinschaft.

Gemeinsam mit seinem niederländischen Kollegen Sicco Leendert Mansholt führte Hallstein außerdem die gemeinsame Landwirtschaftspolitik ein. Dank ihrer Arbeit konnten schon 1968 rund 95 Prozent aller in der Gemeinschaft hergestellten Agrarprodukte frei gehandelt werden.

Dank dieser Projekte gewann die Europäische Kommission schnell an politischem Gewicht. Sie wurde für die Industrie und die Landwirte zum wichtigsten Ansprechpartner ihrer Zeit und gestaltete die Wirtschaftspolitik der sechs Gründungsstaaten entscheidend mit (→ 63).

Aber Hallstein gingen die Fortschritte nicht schnell genug. Er wollte mehr und sah sich bereits als zukünftigen Regierungschef Europas. Er schlug vor, das Vetorecht der Mitgliedsstaaten abzuschaffen und Mehrheitsentscheidungen einzuführen. Außerdem wollte er der Gemeinschaft eigene Geldmittel beschaffen und die Einnahmen aus den Außenzöllen in Brüssel einbehalten. Das weckte Widerstand in den Hauptstädten. Vor allem dem französischen Präsidenten Charles de Gaulle ging der Aktionismus des Deutschen gegen den Strich. Er griff zu einem radikalen Mittel: Von Juli 1965 bis Januar 1966 verbot de Gaulle seinen Diplomaten jede Teilnahme an Sitzungen in Brüssel. Er boykottierte die Verhandlungen und legte damit die ganze Gemeinschaft lahm.

Aber Hallstein gab nicht nach. Schließlich hatten die Mitgliedsstaaten genug. Sie schlossen im Januar 1966 in Luxemburg einen

Kompromiss, bei dem Hallstein alles verlor: Die Franzosen behielten ihr Vetorecht. Die Kommission muss seitdem den Mitgliedsstaaten ihre Gesetzesvorschläge vorlegen, bevor sie diese veröffentlicht. Und Hallstein wurde ein Jahr später freundlich um seinen Rücktritt gebeten. Die Europäische Kommission brauchte fast zehn Jahre, bis sie sich von diesem Rückschlag erholt hatte.

14. Hat die deutsch-französische Freundschaft als Motor für die Europäische Union versagt? Immer wieder versuchen die Regierungen in Berlin und Paris Schulterschluss zu demonstrieren. Egal ob es in der Krim-Krise um Sanktionen gegen die Führung in Russland ging, um die Auswirkungen des NSA-Skandals oder den Weg aus der Wirtschaftskrise – der französische Staatspräsident François Hollande und die deutsche Bundeskanzlerin Angela Merkel geben viel, um nach außen Geschlossenheit zu demonstrieren.

Und das hat seine Gründe: Die deutsch-französische Freundschaft gilt seit der Gründung der Europäischen Gemeinschaften als Motor für die Integration. Wenn es hier hakt, dann wird es auch mit den übrigen Mitgliedsstaaten schwierig.

Die deutsch-französische Freundschaft ist richtig und wichtig für Europa. Nur wenn sich die beiden großen Länder einig sind, geht etwas voran. Das war in den Gründungszeiten in den 1950er/1960er Jahren so und das gilt auch heute in der Eurokrise. Ein deutsch-französischer Kompromiss ist meist auch akzeptabel für die übrigen Euro- oder EU-Mitglieder. Nur wenn Deutschland und Frankreich sich gemeinsam für eine europäische Wirtschaftsregierung aussprechen, hat sie überhaupt eine Chance, jemals geschaffen zu werden.

Die gemeinsame Führungsrolle fällt den beiden Ländern traditionell nicht leicht. Denn in vielen Bereichen haben die Regierungen – egal welcher Partei sie angehören – grundsätzlich gegensätzliche Auffassungen. Nehmen wir die Wirtschaftspolitik als Beispiel: Die Deutschen hängen an der Unabhängigkeit der Europäischen Zentralbank und deren Geldpolitik. Sie fordern eine möglichst umfassende Liberalisierung der Märkte. Die Franzosen dagegen stehen der These «Der Markt wird's schon regeln» eher skeptisch gegenüber. Der Staat mischt sich wesentlich offensiver in die Wirtschaft ein.

Angesichts dieser Unterschiede Kompromisse zu finden ist eine Herausforderung. Und deshalb gilt grundsätzlich: Wenn ein Accord gefunden ist, dann ist er meist entweder so gut oder aber so unverbindlich, dass auch alle anderen 27 Mitgliedsstaaten sich darin wiederfinden können. Kompromisse zwischen Deutschland und Frankreich sind allerdings in den vergangenen Jahren immer schwieriger geworden: Das deutsch-französische Verhältnis war schon lange nicht so angeknackst wie zurzeit. Klar, schwierig ist es schon allein, weil Merkel als Christdemokratin und Hollande als Sozialist aus zwei unterschiedlichen politischen Lagern kommen. In vielen Fragen – gerade in der Wirtschaftspolitik – vertreten sie konträre Standpunkte. Hollande wollte Eurobonds, also gemeinsame europäische Schuldscheine. Die Bundesregierung stellte sich dagegen. Auch die Reformen, die Frankreich aus der Wirtschaftskrise holen sollen, gehen der Regierung in Berlin längst nicht weit genug.

Dazu kommt, dass Hollande zu Hause in Frankreich unglaublich geschwächt ist. Die Wahlschlappe bei den Kommunalwahlen im März 2014 hat ihm einen zusätzlichen Dämpfer versetzt. Bisher hat die Regierung Hollande noch keinen einzigen Erfolg feiern können. Das Land leidet nach wie vor unter einer Wirtschaftskrise und hoher Arbeitslosigkeit. Das Land hat sogar das für EU-Staaten übliche dreifache «A»-Rating auf den Finanzmärkten verloren. Deutschlands Wirtschaft dagegen zeigt sich von der Krise nach wie vor unbeeindruckt.

Auch deshalb ist das Machtgefüge zwischen dem französischen Präsidenten und der deutschen Kanzlerin mehr als schief. Merkel regiert einfach durch – egal mit welchen Partnern in Berlin. Und das gilt auch für Brüssel. In Hollande hat sie kaum noch einen ebenbürtigen Partner. Das macht eine gleichberechtigte Kompromisssuche fast unmöglich.

Diese Panne im deutsch-französischen Motor ist sicherlich ein Grund für die allgemeine Zögerlichkeit in Brüssel.

So bleiben die Versuche von Berlin und Paris, doch wieder die alte Einigkeit und Stärke zu demonstrieren, weitgehend unbeachtet. Als sich Merkel und Hollande im Februar 2014 zu ihrem traditionellen deutsch-französischen Gipfel in Paris trafen, kündigten sie durchaus ambitionierte Projekte an, unter anderem die Harmonisierung der Unternehmenssteuer zwischen den beiden Ländern und die Gründung einer weiteren deutsch-französischen Firma nach dem Vorbild des Flugzeugbauers Airbus, die sich auf erneuerbare Energien spezialisieren soll. Es sind kleine Pflänzchen, die es nach der Wahlniederlage von Hollandes Sozialisten bei den Kommunalwahlen noch schwieriger haben werden mit dem Wachstum.

Immerhin ein Gutes hat die Entwicklung zwischen Paris und Berlin: Lange war die Einigkeit zwischen Merkel und Hollandes Vorgänger Nicolas Sarkozy zu dominant in Brüssel.

Die beiden hatten die Angewohnheit, ihren Standpunkt schnell zur allgemeinen EU-Meinung zu erheben, ohne mit den Partnern vorher Rücksprache zu halten. Was sie in ihren exklusiven Treffen beschlossen hatten, galt – in ihren Augen – automatisch für alle. Dass eine solche Arroganz die Partner verärgert hat, ist mehr als verständlich.

In der Europäischen Union gibt es seit jeher die Angst der kleineren Länder, dass die Großen über sie herrschen wollen. Wenn dieser Eindruck entsteht, ist die Union in ihren Grundfesten gefährdet.

Jetzt geht es darum, dass Merkel und Hollande das richtige Gleichgewicht finden. Die Zustimmung der beiden Länder ist zwar nach wie vor eine notwendige Bedingung für Fortschritte auf EU-Ebene, aber um ihre Positionen durchzusetzen, brauchen sie Alliierte. Die Regierungen der beiden «Großen» scheinen das Interesse an der Europäischen Integration verloren zu haben. Gerade so viel tun, damit das Haus nicht zusammenbricht – das ist ihre Devise. Aber an den Neubau einer weiteren gemeinsamen Etage denkt weder Berlin noch Paris.

15. Wie ist die Europäische Union gewachsen? Ein gewaltiges Feuerwerk tauchte die Oder am Abend des 30. April 2004 in blaues Licht. Unter Beifall eröffneten der deutsche Außenminister Joschka Fischer und sein polnischer Amtskollege Włodzimierz Cimoszewicz die deutsch-polnische Grenze zwischen Frankfurt und Słubice. Auch an zahlreichen anderen Grenzen, die bis dahin West- und Osteuropa teilten, feierten die Menschen den Beitritt ihrer Länder zur Europäischen Union. Es war die größte Erweiterung in der Geschichte der Gemeinschaft. Auf einen Schlag war sie um zehn Länder reicher: um Polen, Ungarn, Lettland, Litauen, Estland, Malta, Zypern, die Slowakei, Slowenien und die Tschechische Republik.

Dass der Zusammenschluss der sechs Gründungsstaaten kein geschlossener Club bleiben sollte, hatte der französische Außenminister Robert Schuman bereits in seiner Erklärung vom 9. Mai 1950 geschrieben. Die deutsch-französische Kooperation bei der Kohle- und Stahlproduktion sollte jedem anderen europäischen Staat offenstehen, erklärte Schuman damals (→ 11).

Und die Nachbarn ließen sich nicht lange bitten. Nur drei Jahre nach der Unterzeichnung der Römischen Verträge 1957, die die Europäische Wirtschaftsunion begründeten, baten Irland, Großbritannien und Dänemark um den Beitritt. Wenig später zogen Portugal, Spanien und Norwegen nach. Andere Länder wie Griechenland, die Türkei und Österreich wollten zumindest ein Wirtschaftsabkommen mit der neuen Gemeinschaft schließen.

Aber schon zu Beginn der EU-Geschichte sorgten die Beitrittsgesuche für Spannungen unter den bisherigen Partnern. Der damalige französische Staatspräsident Charles de Gaulle lehnte den Beitritt Großbritanniens strikt ab. Er befürchtete, die französische Vormachtstellung im Staatenbund zu verlieren. 1963 wurden deshalb alle Verhandlungen mit den Kandidaten unterbrochen. Irland, Großbritannien und Dänemark versuchten es im Mai 1967 mit einem erneuten Beitrittsgesuch. De Gaulle blockierte noch immer, und die ersten erfolgreichen Beitrittsverhandlungen in der Geschichte der Europäischen Union konnten erst im Juni 1970 – nach dem Abtritt de Gaulles – beginnen. Dann ging es verhältnismäßig schnell: Am 22. Januar 1972 wurden die Beitrittsverträge unterschrieben und seit 1973 sind die drei Länder gleichberechtigte Mitglieder in der Europäischen Union.

Als Nächstes dehnte sich die Staatengemeinschaft Richtung Süden aus. In den 1970er Jahren noch begannen die Verhandlungen mit Griechenland, Spanien und Portugal – alle drei Länder hatten sich zuvor von totalitären Diktatoren befreit und hofften auf eine Unterstützung ihrer jungen Demokratien durch die Europäische Union. Deren Mitgliedsstaaten aber hatten Angst vor einem Zustrom von Südländern auf ihren Arbeitsmarkt. Die Verhandlungen zogen sich in die Länge. Griechenland durfte 1981 in den Club eintreten. Spanien und Portugal mussten bis 1986 warten.

Vor der großen Osterweiterung 2004 gab es nur noch einen verhältnismäßig kleinen Wachstumsschub: Österreich, Finnland und Schweden traten 1995 bei. Zu dieser Zeit stand in Brüssel schon alles ganz im Zeichen der großen Erweiterung von 2004: Schon 1991 schloss die Union erste Kooperationsverträge mit Ungarn und Polen. Im Juli 1994 folgten Freihandelsabkommen mit den drei baltischen Ländern Litauen, Estland und Lettland.

Ungarn reichte im April 1994 als erstes ehemaliges Ostblock-Land seinen Antrag auf Mitgliedschaft ein. Polen folgte diesem Beispiel ein paar Wochen später. Bis 1996 gingen alle Anträge in Brüssel ein. Intensiv verhandelte die EU-Kommission im Namen der Mitgliedsstaaten mit den Kandidaten, bis feststand: Die zehn sind so weit. Sie konnten im Mai 2004 beitreten. Nur Rumänien und Bulgarien mussten noch knapp drei Jahre länger warten. Die demokratischen Reformen waren noch nicht weit genug vorangekommen. Das jüngste EU-Mitglied ist allerdings Kroatien, das am 1. Juli 2013 beitrat. Auch andere Balkanländer haben bereits Anträge eingereicht, und Verhandlungen laufen (→ 100).

Zwei Länder werden aber aller Voraussicht nach nicht beitreten: Die norwegische Regierung hat mehrmals Anträge gestellt. Die Verhandlungen wurden auch zweimal erfolgreich abgeschlossen, aber die norwegische Bevölkerung lehnte den Beitritt jeweils in Referenden ab. Sogar die Schweiz nahm Anfang der 1990er Jahre einmal einen Anlauf, der aber ebenfalls am Widerstand der Bevölkerung scheiterte.

16. Welche Bedeutung hat die Amtszeit von Jacques Delors an der Spitze der Europäischen Kommission heute noch? Die Präsidentschaft von Jacques Delors gilt als goldenes Zeitalter für die Europäische Integration. Nie hat sich die Staatengemeinschaft so rapide weiterentwickelt wie während der zehnjährigen Amtszeit des französischen Sozialisten zwischen 1985 und 1995.

Gleich drei wichtige Charakteristika der heutigen Union gehen auf den Staatsmann zurück: Delors sorgte dafür, dass der Binnenmarkt nicht nur auf dem Papier existierte, sondern tatsächlich Realität wurde. Er erfand die Strukturfonds und gilt als einer der Väter der Europäischen Währungsunion.

Nur acht Tage nach seinem Amtsantritt 1985 stellte der ehemalige französische Wirtschaftsminister die so genannte Binnenmarkt-Fibel vor. Er wollte bis 1992 die Grenzen für den Warenverkehr innerhalb der Gemeinschaft abschaffen. Und das gelang ihm auch. Unter seiner Führung beschlossen die damaligen Mitgliedsstaaten 282 Richtlinien, um den Handel und den Personenverkehr zu vereinfachen.

Dabei ging es zum Beispiel um technische Normen, die es ermöglichten, die Produkte aus einem Mitgliedsland auch in allen anderen zu verkaufen (→ 84). Außerdem öffneten die Staaten die öffentlichen Ausschreibungen für Firmen aus der gesamten Gemeinschaft. Eine Straße in Hamburg kann seitdem auch von einem Unternehmen aus den Niederlanden oder aus Frankreich gebaut werden.

1993 waren die Reformen weitgehend abgeschlossen. Die Grenzen fielen – zunächst nur symbolisch auf dem Papier. Zwei Jahre später wurden die permanenten Grenzkontrollen dann tatsächlich abgeschafft. Die Gemeinschaft wurde für alle Bürger spürbar zu einer Einheit. Für Delors war das gegenseitige Kennenlernen der Europäer eine notwendige Bedingung für die europäische Integration. Deshalb «erfand» er auch ein Austauschprogramm für Studierende namens «Erasmus». Die Mitgliedsstaaten gaben 1987 grünes Licht dafür. Bis heute haben über drei Millionen junge Menschen von dem Programm profitiert und einen Teil ihres Studiums im Ausland verbracht.

Delors war getrieben von seinem europäischen Traum: Europa sollte zusammenwachsen. Deshalb trieb er auch die Sozialpolitik voran, die bisher allein in der Verantwortung der Mitgliedsstaaten lag. 1987 schlug er vor, aus dem Gemeinschaftshaushalt einen europäischen Fonds zu bestücken, der den besonders benachteiligten Regionen zugute kommen sollte. Die Strukturfonds waren erfunden. Ihr Budget wurde 1992 verdoppelt – von 30 auf 60 Milliarden Euro. Damit machte das Sozialprogramm 30 Prozent des gesamten Haushalts aus. In den kommenden Jahren wurden mit diesem Geld Straßen und Abwasserkanäle gebaut, soziale Projekte gefördert, Umweltschutz betrieben. Allein zwischen 2000 und 2006 wurden mit diesem Programm rund 1,4 Millionen Arbeitsplätze geschaffen.

Der Wunsch nach mehr Zusammengehörigkeit war für Delors auch die treibende Kraft bei der Ausarbeitung der Währungsunion. Er forderte nicht nur Regeln, die excessive Staatsverschuldung bekämpfen sollten, sondern auch eine intensive Zusammenarbeit in wirtschaftspolitischen Fragen. Beide Punkte wurden später in die EU-Verträge aufgenommen. Aber die Mitgliedsstaaten haben sich an diese gemeinsam gesetzten Regeln nicht gehalten, was letztendlich 2010/11 zur Eurokrise geführt hat (→ 17 & 68).

17. Was wurde im Vertrag von Maastricht festgelegt? Der Vertrag, den die Vertreter der Mitgliedsstaaten am 7. Februar 1992 im niederländischen Maastricht unterzeichneten, ist der Geburtsvertrag der Europäischen Union. Der damalige Kommissionspräsident Jacques Delors hat ihn gemeinsam mit dem deutschen Bundeskanzler Helmut Kohl und dem französischen Staatspräsidenten François Mitterrand federführend vorbereitet. Die drei bestehenden Gemeinschaften, die Kohle- und Stahlgemeinschaft, Euratom und die Europäische Wirtschaftsgemeinschaft, wurden zu einer Einheit zusammengefasst. Die

Union bekam – in 300 Artikeln – eine Architektur aus drei Pfeilern: Im ersten steckten alle gemeinschaftlichen Politikfelder, im zweiten die gemeinsame Außen- und Sicherheitspolitik und im dritten schließlich die Innenpolitik. Die Zusammenarbeit auf europäischer Ebene ging mit diesem Vertrag wesentlich weiter als bis dahin.

Das Herzstück dieser Zusammenarbeit ist die Währungsunion, für die der Vertrag einen genauen Zeitplan und detaillierte Regeln aufgestellt hat. Bis 1999 sollte die Gemeinschaft eine gemeinsame Währung bekommen. Und genau so kam es dann auch: Der Euro wurde 1999 als Buchgeld, drei Jahre später dann als Bargeld in zwölf von damals 15 Mitgliedsstaaten eingeführt.

Der Eurozone beitreten durften nur die Länder, die die ebenfalls im Vertrag von Maastricht festgelegten Regeln des Stabilitätspakts erfüllten. Diese Regeln gelten bis heute: Die gesamten Staatsschulden müssen unter 60 Prozent des Bruttoinlandsprodukts bleiben. Die jährliche Neuverschuldung darf die Grenze von drei Prozent der Wirtschaftsleistung nicht überschreiten. Die Inflation und der Zinssatz dürfen nicht mehr als 1,5 beziehungsweise zwei Prozent höher sein als der Durchschnitt der drei Länder, in denen die beiden Werte am niedrigsten sind (→ 68).

Diese Regeln wurden im September 2011 als Reaktion auf die Finanzkrise verschärft. Seitdem müssen sich die Euroländer bemühen, ihre Staatsverschuldung kontinuierlich unter die 60-Prozent-Marke zu drücken. Tun sie das nicht, drohen ihnen finanzielle Sanktionen. Außerdem wurden die Mitgliedsstaaten verpflichtet, eine Art Schuldenbremse in ihre Haushaltspolitik einzubauen. Die Staatsausgaben dürfen von Jahr zu Jahr nur proportional zum potentiellen Wirtschaftswachstum steigen. Das bedeutet: Wird für Deutschland ein Wachstum von zwei Prozent vorhergesagt, dürfen auch die Staatsausgaben höchstens um zwei Prozent steigen. Außerdem wurde der Abstimmungsmodus geändert. Es ist für die großen Länder wie Deutschland und Frankreich nun schwieriger geworden, Sanktionen im Ministerrat mit ihren Stimmen zu blockieren.

18. Was veränderte der Rücktritt der EU-Kommission 1999 in der Europäischen Union? Jacques Santer war der direkte Nachfolger von Jacques Delors. Der Luxemburger übernahm das Präsidentenamt im Januar 1995. Aber seine Amtszeit sollte wesentlich weniger glorreich verlaufen als die seines Vorgängers. Die Kommission hatte nach der Erweiterung um Österreich, Finnland und Schweden 20 Mitglieder. Santer gelang es nicht, diese auf eine einheitliche politische Linie festzulegen. Die Kommission verlor nach und nach an Bedeutung, bis ihr ein Betrugsskandal um die französische Kommissarin Edith Cresson endgültig den Garaus machte: Am 15. März 1999 trat die Kommission vorzeitig geschlossen zurück.

Dazu geführt hatten die Vorwürfe eines kleinen EU-Beamten, Paul van Buitenen, der damals als Rechnungsprüfer für die Kommission arbeitete. Er hatte 1998 festgestellt, dass Cresson als Kommissarin für Forschung und Bildung über eineinhalb Jahre einen Freund als Berater für die Aidsforschung beschäftigt hatte. Van Buitenens Untersuchungen ergaben, dass der pensionierte Zahnarzt keinerlei Qualifikation für den Beraterposten hatte und während seiner Zeit bei Cresson gerade einmal zehn Schreiben von insgesamt 24 Seiten verfasst hatte. Dafür bekam er ein monatliches Honorar von 3700 Euro.

Das Europäische Parlament verweigerte der Kommission daraufhin die Entlastung, setzte einen Untersuchungsausschuss ein und drohte sogar mit einem Misstrauensvotum. Dem kamen die Kommissare zuvor und traten lieber aus Eigeninitiative zurück.

Die Europäische Kommission hat sich von diesem Skandal nie ganz erholt. Die EU-Bürger haben weniger Vertrauen in die Behörde. Medien beschreiben sie seitdem immer wieder als eine undurchsichtige und undemokratische Maschinerie, die nicht kontrolliert wird und europäische Gelder verschwendet.

Aber die Kommission wehrt sich gegen dieses Image: Sie hat im April 1999 das Europäische Amt für Betrugsbekämpfung (Olaf) gegründet. Die rund 500 Mitarbeiter der Behörde sollen seitdem kontrollieren, ob die EU-Subventionen ordnungsgemäß verwendet werden, und mögliche Korruptions- oder Betrugsfälle innerhalb der Institutionen prüfen. Allerdings darf die Behörde keine Strafverfahren einleiten. Sie erstattet lediglich dem zuständigen Untersuchungsausschuss im Europäischen Parlament Bericht.

Dennoch kann Olaf einige Erfolge verzeichnen. 2003 deckten die Ermittler auf, dass das Europäische Statistikamt Eurostat über Jahre fiktive Aufträge vergeben hatte. Die so gesparten Gelder flossen in schwarze Kassen, mit denen die Mitarbeiter Freizeitaktivitäten finanzierten.

Die EU-Kommission ist auch sonst vorsichtiger geworden. Zum Beispiel hat die Behörde einen Verhaltenskodex für ihre Spitzenpolitiker eingeführt, der verhindern soll, dass Kommissare nach dem Ende ihrer Amtszeit direkt – und mit all ihrem Insiderwissen – bei Unternehmen oder Lobbyorganisationen einsteigen. Allerdings halten sich noch lange nicht alle daran und die Kontrollen lassen zu wünschen übrig. Auch das Verfahren gegen die ehemalige Kommissarin Cresson wurde eingestellt. Nicht einmal ihre Pensionszahlungen wurden gekürzt.

19. Warum hat die Europäische Union keine einheitliche Verfassung? Wenn der EU-Abgeordnete Jo Leinen an den 29. Oktober 2004 zurückdenkt, bekommt er noch heute eine Gänsehaut. Damals war der SPD-Politiker in Rom und nahm im Kapitol an der feierlichen Unterzeichnung des «Vertrags über eine Verfassung für Europa» teil. Aber trotz der pompösen Inszenierung und der vorangegangenen jahrelangen Beratungen trat diese Verfassung für die Europäische Union nie in Kraft.

Die Niederländer und die Franzosen lehnten den Vertrag im Frühjahr 2005 in Volksabstimmungen ab. In Frankreich war es vor allem der Sozialist Laurent Fabius, der gegen die Europäische Union Stimmung machte. Brüssel vertrete eine liberale Marktpolitik, die den Arbeitnehmern keinen ausreichenden Schutz biete und nur die Interessen der Unternehmen berücksichtige, meinte Fabius. Für den EU-Abgeordneten Jo Leinen, der maßgeblich an der Ausarbeitung des Verfassungsvertrags beteiligt war, ist Fabius damit einer der Hauptschuldigen für das Scheitern der gesamteuropäischen Verfassung.

In den Niederlanden bestand vor allem die Befürchtung, die Europäische Union könnte mit einer eigenen Verfassung immer mehr Macht an sich reißen und zu einem Superstaat werden, der die Niederlande einfach mitregiert. Schließlich bekommen üblicherweise nur souveräne Staaten eine Verfassung. Die Europäische Union musste nach diesen negativen Volksabstimmungen darauf verzichten.

Stattdessen bekam sie den «Vertrag von Lissabon». Das Dokument, das die 27 Staats- und Regierungschefs im Dezember 2007 in der portugiesischen Hauptstadt unterzeichnet haben, ist damit nur zweite Wahl. Entscheidende Punkte aus dem Verfassungsvertrag wurden nicht übernommen. Hier nur zwei Beispiele: Die Europäische Kommission wurde nicht – wie vorgesehen – verkleinert. Jedes

Mitgliedsland schickt nach wie vor einen Kommissar nach Brüssel. Mit jeder Erweiterung wird das Gremium so schwerfälliger und unübersichtlicher.

Die gemeinsamen Symbole – Hymne und Flagge – wurde ihr staatstragender Charakter genommen. Dafür setzte sich vor allem Großbritannien ein. Für die Briten wäre eine offizielle Hymne ein zu großer Schritt in Richtung europäischer Föderalstaat gewesen.

Einige Neuerungen aus dem Verfassungsvertrag wurden aber auch übernommen. Und diese sind nicht unerheblich: Die Union bekam einen eigenen Außenminister – auch wenn er offiziell «Hoher Vertreter für Außen- und Sicherheitspolitik» heißt – und der Rat einen auf zwei Jahre gewählten Präsidenten (→ 93 & 20).

Dem EU-Parlament wurden mehr Rechte zugesprochen. Es darf seitdem zum Beispiel auch bei internationalen Abkommen, die die Gemeinschaft schließt, mitentscheiden. Außerdem können die Abgeordneten die Kommission auffordern, in einem bestimmten Bereich ein Gesetz zu erarbeiten (→ 33). Das können auch die Bürger. Eine Million Unterschriften brauchen sie, damit ihre Petition von der EU-Behörde in Brüssel angenommen wird (→ 50).

Das Abstimmungsverfahren zwischen den Mitgliedsstaaten wurde vereinfacht und die Länder haben sich zu einer stärkeren Zusammenarbeit von Polizei und Justiz verpflichtet.

Trotz der abgespeckten Form drohte auch dieser Vertrag zu scheitern: Die Iren lehnten ihn im Sommer 2008 ab. Als sie ein Jahr später noch einmal abstimmten, votierten sie aber positiv, und der Vertrag trat am 1. Dezember 2009 in Kraft. Eine Verfassung hat die Union damit aber nicht bekommen.

20. Warum geht der Belgier Herman van Rompuy in die Geschichte der Europäischen Union ein? Der flämische Christdemokrat wurde von den Staats- und Regierungschefs der Mitgliedsstaaten im November 2009 zum ersten ständigen Präsidenten des Europäischen Rates gewählt – eine Premiere in der EU-Geschichte. Denn diese Funktion wurde durch den Vertrag von Lissabon neu geschaffen. Bis dahin rotierte die Präsidentschaft alle sechs Monate zwischen den Mitgliedsstaaten. Zwar wurde die Rotation beibehalten. Aber darüber steht nun der Präsident, der für zweieinhalb Jahre von den Regierungen gewählt wird.

Davon versprechen sich die Mitgliedsstaaten mehr Kontinuität und eine bessere Repräsentation der Europäischen Union nach außen. Herman van Rompuy vertritt die Europäische Union seitdem zum Beispiel in der Vollversammlung der Vereinten Nationen – neben der Hohen Vertreterin für Außenpolitik und dem Kommissionspräsidenten José Manuel Barroso (→ 95). Er kann auch sonst im Namen aller Mitgliedsstaaten zu verschiedenen Themen offizielle Stellungnahmen abgeben. Zum Beispiel vertritt er die gesamte Union bei bilateralen Gipfeln mit anderen Ländern wie etwa beim EU-Russland-Gipfel im Dezember 2011.

Er legt außerdem die Tagesordnung der EU-Gipfeltreffen fest und führt dort auch den Vorsitz. Seine Aufgabe ist es, gemeinsam mit der rotierenden Präsidentschaft Kompromisse zu erarbeiten, denen möglichst alle Mitgliedsstaaten zustimmen können. Dabei ist besonders viel diplomatisches Fingerspitzengefühl gefragt. Nach den Europawahlen im Mai 2014 wird sich zeigen, ob van Rompuy die Staats- und Regierungschefs mit seiner Arbeit an der Spitze des Europäischen Rates überzeugt hat. Sie könnten ihn dann für weitere fünf Jahre in seinem Amt bestätigen.

Van Rompuy gilt als zurückhaltend. In Belgien trägt er deshalb den Spitznamen «Die Sphinx», weil er so wenig von sich preisgibt, dass man nur selten weiß, was tatsächlich in ihm vorgeht. Eines allerdings hat er der Öffentlichkeit verraten: Er schreibt gerne Haiku-Gedichte, Poesie aus Japan. Regelmäßig veröffentlicht er seine meist dreizeiligen Schöpfungen auf seiner Internetseite.

Wenn er die Staats- und Regierungschefs bis zum Ende seiner Amtszeit überzeugt, kann er ein Mal wiedergewählt werden.

Kultur, Sprache, Symbole

21. Welche Bedeutung haben die Sterne auf der EU-Flagge? Auf den ersten Blick könnte man glauben, dass die Sterne die Mitgliedsstaaten der Europäischen Union symbolisieren. Aber das ist ein Trugschluss. Seit die Mitgliedsstaaten die Flagge 1985 zum offiziellen Symbol gemacht haben, hat sich die Anzahl der Sterne nicht geändert. Es waren schon immer zwölf goldene Sterne auf blauem Hintergrund, und es werden auch immer zwölf Sterne bleiben.

Der Kreis steht für Harmonie und Solidarität zwischen den euro-

Fahnenfabrik in Bukarest

päischen Völkern. Die Zahl zwölf ist traditionell das Symbol der Vollkommenheit und Einheit. So gibt es zwölf Sternzeichen, ein Jahr hat zwölf Monate und auf dem Ziffernblatt von Uhren sind zwölf Stunden abgebildet.

Ihren Ursprung hat die Flagge – wie auch die Hymne – im Europarat (→ 36). Dort wurde das Symbol schon im Dezember 1955 eingeführt. Die Sterne, die auf der Fahne wie am Himmel leuchten, so heißt es im Sitzungsprotokoll, sollen die Hoffnung der europäischen Nationen verkörpern. Vorangegangen waren intensive Diskussionen über die europäische Flagge. Ein Entwurf zeigte den Buchstaben «E» in grüner Farbe auf weißem Grund. Andere wollten das Wappen der Stadt Straßburg aufnehmen, wo der Europarat seinen Sitz hat. Auch Ringe wie auf der olympischen Fahne waren im Gespräch. Schließlich einigten sich die Mitglieder des Europarats aber auf die Sterne. Sie forderten daraufhin auch alle anderen europäischen Institutionen auf, dieses Symbol zu gebrauchen.

Auf EU-Ebene dauerte das bis 1985. Erst dann einigten sich die damaligen Mitgliedsstaaten, die Flagge auch für die Institutionen der Europäischen Wirtschaftsgemeinschaft zu benutzen.

Am 29. Mai 1986 wurde die Flagge zum ersten Mal vor dem Kommissionsgebäude in Brüssel gehisst – neben den Flaggen der EU-Mitgliedsländer. Heute wehen vor dem Sitz der Kommission nur noch EU-Flaggen. Die Flaggen der Mitgliedsländer stehen nun vor dem Europäischen Parlament. Sowohl die Flagge als auch die Hymne sind allerdings nicht als offizielle Symbole im EU-Vertrag verankert. Einigen Mitgliedsstaaten – allen voran Großbritannien – wäre dies ein zu großer Schritt in Richtung «Vereinigte Staaten von Europa» gewesen. An der Verwendung in der Praxis ändert dies allerdings nichts.

22. Wie wurde Beethovens 9. Sinfonie zur EU-Hymne? Auch die Hymne hat ihren Ursprung im Europarat. Nach dem Zweiten Weltkrieg hatten Politiker und Bürger das Bedürfnis, Europa eine Hymne zu geben, die Frieden und Eintracht symbolisieren sollte. Beim Europarat in Straßburg gingen viele Vorschläge aus der Bevölkerung ein. Eine französische Mutter, die während des Krieges in einem deutschen Konzentrationslager war, schickte zum Beispiel ihr «Lied des Friedens» ein. Es wurde auch überlegt, das Te Deum von Marc-Antoine Charpentier zu verwenden, das bereits als Erkennungsmelodie für Eurovisionssendungen eingesetzt wurde.

Aber die Mitgliedsstaaten des Europarats entschieden sich am 12. Januar 1972 für einen Ausschnitt aus Ludwig van Beethovens 9. Sinfonie, die «Ode an die Freude». Das Stück wurde damals bereits bei verschiedenen europäischen Ereignissen gespielt und überzeugte durch die fröhliche und gleichzeitig feierliche Stimmung. Der Dirigent Herbert von Karajan wurde damit beauftragt, Versionen für Klavier, Orchester und Blasorchester auszuarbeiten.

Bei der Hymne handelt es sich um eine knappe Minute Musik ohne Text. Im Original hat Beethoven ein Gedicht von Friedrich Schiller vertont, das der Freiheit und Brüderlichkeit zwischen den Völkern huldigt. Da es dafür aber keine Übersetzungen in die anderen europäischen Sprachen gab, behielten die Politiker nur die Musik als universale Sprache bei.

Die Mitgliedsstaaten der Europäischen Union übernahmen die Hymne für ihre Gemeinschaft 1985 gemeinsam mit der Flagge. Am 29. Mai 1986 sang der Chor der Europäischen Gemeinschaften die «Ode an die Freude» vor dem Brüsseler Kommissionsgebäude. Seitdem wird das Stück überall in der Europäischen Union verwendet.

Im Laufe der Jahre machten Bürger immer wieder Vorschläge für einen Text. Der französische Ingenieur Georges Picard schrieb in den 1980er Jahren mehrere Briefe an die Europäische Kommission. Er war überzeugt, dass Europa erst dann eine Einheit würde, wenn alle Bürger gemeinsam den gleichen Refrain singen. Er schlug dafür eine französische Übersetzung des Schiller-Gedichts vor, konnte sich damit aber nie durchsetzen. Aber immerhin einmal, in La Rochelle 1992, erinnert sich der ehemalige Sprecher der EU-Kommission Paul Collowald, sangen Schulkinder bei einem Besuch des damaligen deutschen Bundeskanzlers Helmut Kohl und des französischen Präsidenten François Mitterrand die Hymne in Deutsch und in Französisch.

23. Für welche Erfindungen sind EU-Bürger weltbekannt? Zahlreiche Gegenstände, die uns den Alltag vereinfachen oder versüßen, kommen aus EU-Ländern. Die Franzosen haben zum Beispiel die Konservendose und den Büstenhalter erfunden. Die Dose kommt aus der Küche von Nicolas Appert. Anfang des 19. Jahrhunderts fragte sich der Konditormeister, wie er Lebensmittel länger haltbar machen könnte. Er fand schließlich heraus, dass er sie dafür luftdicht verschließen musste – das Prinzip der Konservendose war entdeckt.

Ein paar Jahre zuvor, nämlich 1889, hatte die Pariserin Herminie Cadolle die Revolution für die weibliche Unterwäsche eingeläutet und eine «busenhaltende Konstruktion» als Patent angemeldet. Zum ersten Mal wurden die Brüste dabei von oben und nicht wie bei einem Korsett von unten gehalten. Im gleichen Jahr beantragte auch eine Deutsche, die Dresdnerin Christine Hardt, ein Patent. Ihr BH bestand aus zusammengeknüpften Taschentüchern und Männerhosenträgern.

Ein Italiener, Italo Marchiony, erfand landesgemäß 1903 die Eiswaffel und der Tscheche Jacob Christoph Rad stellte 1843 zum ersten Mal Zucker in Würfelform her.

Die Liste ließe sich noch lange weiterführen. Hier nur noch eine Erfindung aus jüngeren Tagen: In Deutschland wurde 1971 der Textmarker erfunden – und zwar von Günter Schwanhäußer in Nürnberg. Er besaß damals eine Stiftfabrik, in der vor allem Blei- und Filzstifte hergestellt wurden. Bei einer Geschäftsreise in den USA beobachtete Schwanhäußer Studierende, wie diese versuchten, mit einer schmalen Stiftspitze Textstellen zu markieren. Weil das nicht recht gelingen wollte, ließ Schwanhäußer den Marker mit der breiten Spitze entwickeln. Die grelle Farbe bekommt der ungewöhnliche Stift durch ganz besondere chemische Farbstoffe, die so genannten Rhodamine.

Sie sind fluoreszierend und leuchten auf dem Papier praktisch von alleine. Allein die Europäische Kommission in Brüssel verbraucht jährlich rund 40 000 Textmarker.

Der wohl berühmteste Erfinder aus einem EU-Staat ist Alfred Nobel, dessen Name bis heute im Nobelpreis weiterlebt. Der schwedische Chemiker erfand unter anderem das Dynamit und meldete insgesamt über 350 Patente an. Kurz vor seinem Tod 1896 verfügte er, dass sein Vermögen in eine Stiftung investiert werden sollte. 1900 wurde die Nobel-Stiftung gegründet. Bis heute werden die jährlich vergebenen Preise aus den Zinsen des Nobel-Vermögens bezahlt. Zu seiner Zeit redete aber noch niemand von einer Europäischen Union. Schweden trat erst knapp 100 Jahre nach Nobels Tod der Gemeinschaft bei.

Trotz all dieser Erfindungen hat es die Europäische Union bisher noch nicht geschafft, ein Patent für die gesamte Union einzuführen. Es gibt zwar das Europäische Patentamt in München. Aber wer dort für die gesamte Europäische Union einen Patentschutz erreichen will, muss 28 einzelne Patente beantragen. Das kostet: 30 000 Euro im Durchschnitt. Zwei Drittel dieser Kosten fließen allein in die Übersetzungen in die jeweiligen Landessprachen.

Um die Kosten zu senken und die Patentvergabe zu vereinfachen, verhandeln die EU-Mitgliedsstaaten schon seit 1975 über ein EU-Patent. Bisher haben sie allerdings keinen Kompromiss gefunden. Spanien und Italien sperren sich gegen die vorgesehene Sprachenregelung. Demnach soll das Patent in der Sprache des Antragstellers erteilt werden und zusätzlich in eine der EU-Arbeitssprachen – Englisch, Französisch oder Deutsch – übersetzt werden. Die beiden Länder wollen, dass auch ihre Sprachen dazu gezählt werden. Die übrigen Mitglieder lehnen dies wegen des höheren Aufwands und der Kosten ab. Sie haben sich deshalb im Frühjahr 2011 geeinigt, ohne Spanien und Italien ein EU-Patent einzuführen. Die Ratifizierung ist aber noch nicht abgeschlossen.

24. Warum bezeichnet sich Brüssel als die «Hauptstadt» der Europäischen Union? Die belgische Hauptstadt trägt diesen Titel bis heute nicht offiziell. Der Titel bürgerte sich mit der Zeit ein, als immer mehr EU-Institutionen in die Stadt zogen.

Als 1951 die Europäische Gemeinschaft für Kohle und Stahl als Vorläufer der Europäischen Union gegründet wurde, konnten sich die sechs Mitgliedsländer zunächst nicht auf einen ständigen Sitz für die neuen gemeinsamen Institutionen einigen. Frankreich, Deutschland, die Niederlande und Luxemburg sprachen sich als Kompromisslösung für Brüssel aus. Die belgische Regierung wollte stattdessen Lüttich zum Sitz der Kommission machen, weil dort das Herz der belgischen Stahlproduktion lag. Die anderen lehnten ab.

Die Kommission traf sich deshalb in loser Reihenfolge in den Mitgliedsstaaten. 1958 tagte sie während der belgischen Ratspräsidentschaft in Brüssel und bezog schließlich – immer noch provisorisch – ein Bürogebäude in der Nähe des Kreisverkehrs Schuman, dem Zentrum des heutigen Europa-Viertels.

Die belgische Regierung bemühte sich gemeinsam mit Privatinvestoren, nach und nach immer mehr Verwaltungsstellen nach Brüssel zu locken. Das gesamte EU-Viertel wurde dafür umgekrempelt. In den 1970er Jahren entstanden zahlreiche Neubauten. 1987 wurde für den Europäischen Rat das Justus-Lipsius-Gebäude errichtet. Zahlreiche Wohnhäuser wurden dafür abgerissen. Eine wirklich große Wunde riss aber der Neubau des Europäischen Parlaments in das Viertel.

Der belgische Ingenieur Christian Dellicourt, der nur ein paar hundert Meter von den heutigen Gebäuden des Europäischen Parlaments entfernt in einem kleinen Backsteinhaus wohnt, erinnert sich, dass bis Anfang der 1980er Jahre an der Stelle des Parlaments eine kleine Brauerei gestanden hat. Drum herum siedelten sich Handwerker und Künstler an. Aber dann erwarb der Brauereikonzern Stella-Artois die kleine Leopold-Brauerei, schloss den Betrieb und verkaufte die Gebäude an Investoren weiter. Die sahen in den aufstrebenden europäischen Institutionen ihre Chance. Sie durften zwar offiziell kein Parlamentsgebäude für die europäischen Abgeordneten bauen, weil die Entscheidung für den ständigen Sitz noch nicht gefallen war, aber sie entwarfen ein «internationales Kongresszentrum», perfekt ausgerichtet auf die Bedürfnisse des Parlaments. Es wurden ein Plenarsaal, kleinere Sitzungsräume und Büros eingerichtet. Dafür wurden Wohnhäuser und Künstlerateliers rücksichtslos dem Erdboden gleichgemacht.

Die Rechnung der belgischen Investoren ging auf: 1992 einigten sich die EU-Mitgliedsstaaten in Edinburgh endgültig darauf, die Verwaltungen von Rat und Kommission sowie Teile des Parlaments in Brüssel anzusiedeln. Die belgische Hauptstadt wurde zum politischen Machtzentrum der Europäischen Union.

25. Wie viele Sprachen gibt es in der Europäischen Union? Die Bürger der EU-Mitgliedsstaaten sprechen ungefähr 90 verschiedene Sprachen, wenn man Regional- und Minderheitensprachen mitzählt. Dazu gehören neben den Landessprachen zum Beispiel Niederfriesisch, Romani (die Sprache der Roma) und auch Türkisch, das in Teilen von Bulgarien gesprochen wird.

Auf EU-Ebene sind nur 24 Sprachen als offizielle Amtssprachen anerkannt: Englisch, Französisch, Deutsch, Spanisch, Portugiesisch, Italienisch, Niederländisch, Dänisch, Finnisch, Schwedisch, Estnisch, Litauisch, Lettisch, Polnisch, Rumänisch, Bulgarisch, Ungarisch, Slowenisch, Tschechisch, Slowakisch, Griechisch, Maltesisch, Kroatisch und das in Irland gesprochene Gälisch.

Alle EU-Gesetzesentscheidungen werden in diese Sprachen übersetzt und bei den Treffen von EU-Parlament und Rat können sich die Politiker in all diesen Sprachen ausdrücken. Eine Ausnahme ist Gälisch. Weil in Irland auch Englisch eine offizielle Amtssprache ist, wird nur vom Gälischen in die übrigen Sprachen übersetzt, aber nicht umgekehrt. Gälisch ist zusammen mit Maltesisch die jüngste EU-Amtssprache. Die zuständigen EU-Minister haben die beiden Sprachen 2005 aufgenommen. Auch wenn Malta nur rund 400 000 Einwohner zählt, hat Maltesisch einen vollen Amtssprachen-Status, da in dem Land nur die Gesetze Gültigkeit haben, die in dieser Sprache verfasst sind.

Zusätzlich zu den Amtssprachen hat der Ministerrat 2005 halboffizielle Amtssprachen eingeführt. Dabei handelt es sich um regionale Sprachen, die in dem jeweiligen Land als Amtssprache geführt werden, zum Beispiel Katalanisch, Galizisch und Baskisch in Spanien. Wenn ein baskischer Politiker zu einem offiziellen Treffen nach Brüssel kommt, stellt ihm der Dolmetscherdienst der Europäischen Kommission einen entsprechenden Übersetzer zur Verfügung. Allerdings muss Spanien für die Kosten aufkommen.

Das Land hat in Barcelona einen Dienst eingerichtet, der alle EU-Dokumente vom Spanischen in die Regionalsprachen übersetzt. Außerdem übertragen die Spanier dort alle an die europäischen Institutionen gerichteten Anfragen aus den Regionalsprachen ins Spanische. Ähnliche Regelungen gibt es für Walisisch und die schottische Version des Gälischen.

So ist jede Landessprache in Brüssel vertreten, und die Bürger können sich in ihrer Muttersprache direkt an die EU-Institutionen wenden sowie die EU-Dokumente lesen. Nur die Luxemburger haben darauf verzichtet. Denn sie sprechen auch Deutsch oder Französisch. Luxemburgisch ist bis heute keine offizielle EU-Amtssprache.

26. Was ist auf den Euroscheinen abgebildet? Während die Euromünzen eine nationale Seite haben und es jedem Staat überlassen bleibt, diese zu gestalten, sehen die Scheine der gemeinsamen Währung in allen Euroländern gleich aus. Darauf haben sich die Staats- und Regierungschefs bei der Einführung der Gemeinschaftswährung geeinigt, um zu verhindern, dass sich Länder, die erst später beitreten, benachteiligt oder ausgegrenzt fühlen.

Deshalb sind auf den Scheinen fiktive Gebäude abgebildet, die sich der österreichische Designer Robert Kalina ausgedacht hat. Er hatte bereits für die Österreichische Nationalbank die Schillingbanknoten entworfen.

Auf der Vorderseite der Eurobanknoten sind Bauwerke aus sieben Epochen der europäischen Kunstgeschichte abgebildet: Den Fünf-Euro-Schein ziert ein klassisches Bauwerk, den Zehner eines aus der Romanik. Auf dem 20-Euro-Schein folgt die Gotik und auf dem 50-Euro-Schein die Renaissance. Der 100-Euro-Schein zeigt Barock und Rokoko, der 200-Euro-Schein die Glas- und Eisenarchitektur des Industriezeitalters. Auf dem Fünfhunderter schließlich ist ein Gebäude im Stil der modernen Architektur abgebildet.

Alle Gebäude zeigen gleichermaßen Tore und Fenster, die die Offenheit und Zusammenarbeit in Europa symbolisieren sollen. Die Brücken auf der Rückseite der Scheine stehen für die Verbundenheit der Völker. Daneben ist auch eine Karte der Europäischen Union abgebildet – inklusive der europäischen Inseln und Territorien in Übersee, die den Euro ebenfalls als Zahlungsmittel benutzen wie die Azoren, Martinique und die Kanarischen Inseln. Auf der Karte fehlen allerdings die Mitgliedsstaaten Zypern und Malta.

Für welches Land die Banknoten gedruckt worden sind, können Kenner lediglich aus der Seriennummer auf den Scheinen ableiten. Jedem Land ist ein Buchstabe zugeordnet. Die Scheine, die in Deutschland in Umlauf gebracht werden, tragen ein «x», die für Frankreich ein «u». Die Bezeichnungen werden auf den neuen Scheinen allerdings geändert, weil die Europäische Union mittlerweile mit 27 mehr Mitgliedsstaaten hat als das Alphabet Buchstaben. Ende 2010 waren Banknoten im Wert von rund 840 Milliarden Euro im Umlauf.

27. Welche Europäer sind die größten? Es geht hier weder um Intelligenzquotient noch um Genie, sondern allein um Körperlänge. Und da ist das Ergebnis eindeutig: Die Niederländer sind europäische Spitze. Die Männer im Polderland schaffen es im Durchschnitt auf 1,86 Meter. Das sind ganze zwei Zentimeter mehr als bei den Deutschen. Die kleinsten Europäer sind dagegen die Italiener. Sie kommen durchschnittlich nur auf 1,70 Meter.

Dieser Trend ist Jahrhunderte alt: Traditionell sind die Niederländer und Skandinavier besonders groß, die Südeuropäer eher klein. Woran das liegt, können die Wissenschaftler nicht eindeutig sagen. Verantwortlich für besonders schnelles Wachstum sind neben den Genen auch gute medizinische Versorgung, ausgewogene Ernährung und ordentliche Hygiene. In den südeuropäischen Ländern waren diese Standards noch bis vor einigen Jahrzehnten entscheidend niedriger, weil die Länder ärmer waren als die nordeuropäischen Staaten. In der Zwischenzeit hat sich der Lebensstandard angeglichen, aber bei der Körpergröße haben sie noch ein paar Zentimeter aufzuholen. Sofern das alles stimmt, werden die Europäer nicht nur immer älter, sondern eben auch immer länger.

Für die Niederländer ist das nicht immer einfach; zum Beispiel beim Kleiderkauf haben sie oft ihre Probleme, weil die europäischen Größen kaum Rücksicht nehmen auf die unterschiedlichen Körpergrößen in Europa. In Amsterdam sind deshalb die Hosen für die Kunden oft unten zu kurz oder oben zu weit.

Angst, dass sie von ihren Nachbarn eingeholt werden, müssen die Niederländer vorerst nicht haben. Denn alle Europäer sind in den vergangenen Jahrzehnten gleich schnell gewachsen – und zwar um ein bis zwei Zentimeter alle zehn Jahre.

Allerdings werden wir wohl nicht ins Unendliche wachsen. Die Wachstumsforscher gehen davon aus, dass der Trend nach oben abflacht. Den Mitteleuropäern geht es im Durchschnitt heute genauso gut wie in den 1970er und 1980er Jahren. Deshalb werden auch die Kinder heute nicht mehr wesentlich größer werden als ihre Eltern.

28. Wie hängt der Karlspreis mit der Europäischen Union zusammen? Der Preis, der seit 1950 von der Stadt Aachen vergeben wird, würdigt jedes Jahr eine Person, die sich um die europäische Einigung besonders verdient gemacht hat. Das können Politiker sein ebenso wie Philosophen oder Künstler. Sogar Papst Johannes Paul II. hat den Preis 2004 erhalten.

So begleitet der Preis die Weiterentwicklung der Europäischen Union durch die Jahre. Regelmäßig setzt die Verleihung auch politische Signale. Den Reden der Preisträger wird überall in der Union große Beachtung geschenkt. Nicht selten formulieren Politiker in Aachen ihre Visionen für die Zukunft der Europäischen Union.

Die Idee für den Karlspreis hatte der Textilkaufmann Kurt Pfeiffer 1949. Die Geburtsstunden des Preises und der Europäischen Gemeinschaft lagen nur einige Monate auseinander. Namensgeber für den Preis wurde Karl der Große, weil er – nach Auffassung der Gründer – der Erste war, der die europäischen Länder geeint hatte.

Vergeben wird der Preis bis heute durch ein 17-köpfiges Direktorium, dem neben dem Oberbürgermeister, dem Domprobst und dem Rektor der Aachener Hochschule Vertreter der politischen Fraktionen im Stadtrat, der regionalen Wirtschaft und der Zivilgesellschaft angehören.

Den ersten Karlspreis bekam 1950 Richard Nikolaus Graf Coudenhove-Kalergi. Der österreichische Schriftsteller hatte zwar direkt nichts mit dem politischen Projekt «Europäische Union» zu tun, aber er war einer der Ersten, der die Idee von einem Bundesstaat zwischen Frankreich, Westdeutschland, Italien und den Beneluxstaaten vorschlug. Zu diesem Zweck hatte er 1947 die Europäische Parlamentarier Union (EPU) gegründet, in der sich regelmäßig Mitglieder der nationalen Parlamente trafen. Außerdem verdankt die Union dem Grafen ihre Hymne. Coudenhove-Kalergi war es, der 1955 Beethovens «Ode an die Freude» dem Europarat als Erkennungsmelodie für Europa vorschlug (→ 22).

Als Preisträger folgten ihm die damaligen Regierungschefs der sechs Gründungsstaaten der Kohle- und Stahlunion sowie deren geistige Begründer Robert Schuman und Jean Monnet.

Am Karlspreis sind der Zustand der Union und die gerade wichtigen Themen Europas ablesbar: In den 1960er und 1970er Jahren, als die europäische Integration ins Stocken geriet, fiel auch die Verleihung des Karlspreises mehrmals aus. 1963 machte das Direktorium selbst Politik, als es einem Briten den Preis verlieh. Einen Tag nachdem der damalige französische Staatspräsident Charles de Gaulle den Beitritt Großbritanniens abgelehnt hatte, bekam der Delegationsleiter der Briten die Auszeichnung. Die Botschaft war klar: Das

Karlspreis-Direktorium positionierte sich eindeutig für die Erweiterung der Gemeinschaft. Das Gleiche galt in den 1990er Jahren, als mehrere Persönlichkeiten aus den ehemaligen Ostblockstaaten zu Preisträgern gekürt wurden, noch bevor deren Länder der Europäischen Union beitreten durften.

1994 bekam die damalige norwegische Premierministerin den Preis, weil sie sich für den Beitritt ihres Landes zur Union starkgemacht hatte, sich aber einer negativen Volksabstimmung beugen musste.

Nach der Jahrtausendwende rückte die Finanz- und Wirtschaftspolitik in den Fokus. 2002 wurde die gemeinsame Währung, der Euro, ausgezeichnet. Und mitten in der Finanzkrise neun Jahre später bekam der damalige Präsident der Europäischen Zentralbank, Jean-Claude Trichet, den Preis, weil er sich trotz des starken Drucks von den Finanzmärkten weiterhin für die Gemeinschaftswährung starkmachte – und zwar ganz konkret: Die Zentralbank kaufte unter seiner Führung auf dem Sekundärmarkt Staatsanleihen der zahlungsschwachen Staaten wie Griechenland und Portugal auf, um zu verhindern, dass diese Staaten noch höhere Zinsen für ihre Kredite bezahlen mussten.

In Ausnahmefällen wurde der Preis an Nicht-Europäer vergeben: zum Beispiel 2000 an den damaligen amerikanischen Präsidenten Bill Clinton. Auch damals wollte die Jury einen politischen Impuls geben. In der Begründung hieß es, Clinton habe sich um die Beendigung des Balkankrieges verdient gemacht. Die Europäer hätten das ohne amerikanische Hilfe nicht geschafft. Damit verband das Karlspreis-Direktorium die Forderung nach einer besseren Zusammenarbeit der EU-Mitgliedsstaaten in der Außen- und Sicherheitspolitik.

29. Wer oder was ist «Galileo»? Auf diesen Tag hatten Wissenschaftler und Politiker hingefiebert: Am 20. Oktober 2011 sollten die beiden ersten Galileo-Satelliten ins All starten. Aber die Erwartungen wurden enttäuscht. Der Start musste verschoben werden – aus technischen Gründen, wie die EU-Kommission schlicht mitteilte. Erst einen Tag später, um 12 Uhr 30, konnten die Satelliten schließlich vom Europäischen Weltraumbahnhof Kourou in Französisch-Guayana ins All geschossen werden.

Voraussichtlich sollen die Galileo-Satelliten ab Ende 2014/Anfang 2015 ganz Europa aus dem Weltall mit Navigationsdaten versorgen. Damit wollen sich die Europäer unabhängig machen vom amerikanischen Navigationssystem GPS, das bisher den europäischen Autofahrern den Weg weist. Das Prinzip ist einfach: Wenn ich weiß, wie weit ich von drei Punkten entfernt bin, kann ich meine Position auf der Erde relativ genau bestimmen. Je mehr Satelliten mitarbeiten, umso genauer wird die Standortbestimmung. Wenn alle 30 Galileo-Satelliten funktionieren, können sie die Position bis auf wenige Zentimeter genau bestimmen.

Aber die Verwirklichung des Traums vom eigenen GPS verzögerte sich mehrfach – wie zuletzt auch der Start der Satelliten. Schon in den 1990er Jahren dachten die Politiker in Brüssel über ein eigenes Satellitensystem nach, das – im Gegensatz zum amerikanischen GPS – nur zivil und nicht militärisch genutzt werden sollte. Die Aussicht auf satte Gewinne lockte: Nach Schätzungen der Europäischen Kommission wächst der Markt für Dienstleistungen über Satellitennavigation jedes Jahr um elf Prozent. 2020 könnten mit der Technik weltweit 244 Milliarden Euro verdient werden. Die Europäische Union will von diesem Kuchen ein Stückchen abbekommen mit Hilfe von Galileo. Die Satelliten helfen nicht nur, den richtigen Weg zu finden. Sie werden zum Beispiel auch für die Ausrichtung von Stromleitungen und im Mobilfunk verwendet. Innerhalb der Europäischen Union machen diese Anwendungen schon heute sechs bis sieben Prozent der Wirtschaftsleistung aus.

Zunächst wollten die EU-Politiker das Projekt gemeinsam mit privaten Unternehmen finanzieren. Aber als die Kosten immer mehr in die Höhe kletterten, stiegen diese aus. Das Projekt drohte zu scheitern. 2008 beschlossen die Mitgliedsstaaten und das EU-Parlament, Galileo zu retten und es ausschließlich aus dem EU-Haushalt zu finanzieren. Die Kosten für die Entwicklung wurden auf 3,4 Milliarden angesetzt. Mittlerweile rechnet die Europäische Kommission mit 1,9 Milliarden Mehrausgaben.

Wenn das Satellitensystem funktioniert, wird es jedes Jahr rund 800 Millionen Euro kosten.

30. Warum singen beim Eurovision Song Contest nicht nur EU-Mitgliedsstaaten? Der europäische Liederwettbewerb ist keine Veranstaltung der Europäischen Union, sondern der «Europäischen Union der Rundfunkanstalten» (EBU). Dieser Organisation, die ihren Sitz in Genf hat, dürfen alle öffentlich-rechtlichen Rundfunkanstalten und private Sender mit öffentlichem Auftrag beitreten, die in der europäischen Rundfunkzone liegen. Diese wurde bereits 1950 festgelegt und reicht vom Ural bis zur Sahara. Ihr gehören unter anderem auch die nordafrikanischen Länder Marokko, Algerien und Tunesien an, ebenso wie Russland, die Ukraine und Israel. Beeinflusst wurde das durch die Kolonialgeschichte der europäischen Länder. Algerien und Tunesien gehörten damals noch zu Frankreich. Ägypten unterhielt noch intensive Beziehungen zur ehemaligen Kolonialmacht Großbritannien.

Mittlerweile hat die EBU 74 Mitglieder aus 56 Ländern. Allerdings schicken nicht alle jedes Jahr einen Beitrag ins Rennen. Die Kandidaten, die teilnehmen wollen, müssen sich in Vorausscheidungen durchsetzen, um ins Finale zu kommen. Es kann also durchaus passieren, dass nicht alle EU-Länder vertreten sind. Von den 26 Künstlern im Finale 2013 kamen 17 aus EU-Staaten.

Auch bei diesem Liederwettbewerb geht es darum – ähnlich wie in der Europäischen Union –, das Zusammengehörigkeitsgefühl in Europa zu stärken und das Publikum auf Künstler aus anderen Ländern aufmerksam zu machen. Obwohl es beim Eurovision Song Contest vorrangig um den kulturellen Austausch und die Zusammenarbeit zwischen den Fernsehanstalten geht, spielen auch immer wieder politische Fragen eine Rolle. So thematisierte das EBU-Leitungsteam in Vorbereitung auf das Finale in der aserbaidschanischen Hauptstadt Baku 2011 Menschenrechtsfragen und Pressefreiheit.

Einige islamisch geprägte Länder wie Tunesien nehmen bisher nicht an dem Wettbewerb teil, weil Israel bereits mitmacht. Im Libanon wurde die Ausstrahlung 2005 kurzfristig abgesagt, weil ein Gesetz verbietet, für Israel zu werben. Das Einblenden der Telefonnummer bei der Abstimmung für den israelischen Beitrag wurde als Verstoß gegen dieses Gesetz gewertet.

Institutionen

31. Was macht der Präsident der Europäischen Kommission? Walter Hallstein, der erste Präsident der Europäischen Kommission, träumte Anfang der 1960er Jahre davon, einmal Regierungschef der Europäischen Gemeinschaften zu werden. Er sah den Kommissionspräsidenten als wichtigste Figur in der europäischen Einigung (→ 13).

50 Jahre später ist von diesem Traum nichts mehr übrig. Der ehemalige Kommissionssprecher Paul Collowald bringt es auf den Punkt: Die Europäische Kommission ist – mitsamt ihrem Präsidenten – zum Sekretariat der Mitgliedsstaaten geschrumpft. Kommissionspräsident José Manuel Barroso nutzt seine Rechte kaum und führt lediglich die Aufträge der Staats- und Regierungschefs aus. Er verwaltet und kontrolliert. Beispielsweise haben Experten seiner Generaldirektion Wirtschaft und Währung maßgeblich die Sparprogramme für Griechenland in der Eurokrise mit ausgearbeitet.

Aber die politischen Impulse kommen aus den Hauptstädten, nicht aus Brüssel. Dabei gibt der EU-Vertrag dem Kommissionspräsidenten durchaus mehr Rechte, die er nutzen könnte: Die Kommission hat das alleinige Vorschlagsrecht für Richtlinien und Verordnungen in der Europäischen Union. Ohne die Initiative der Kommissare können die Regierungschefs keine Gesetze für die gesamte Gemeinschaft beschließen.

In der Eurokrise hat die Europäische Kommission lange gezögert. Aus Angst vor Kritik und Widerspruch von der deutschen Bundeskanzlerin Angela Merkel ließ sie die Vorschläge für gemeinsame europäische Schuldscheine, die so genannten Eurobonds, monatelang in der Schublade liegen. Viele EU-Staaten und EU-Abgeordnete hätten eine schnelle Einführung solcher Papiere durchaus begrüßt.

Auch in anderen Bereichen scheut die Europäische Kommission die Auseinandersetzung mit den Mitgliedsstaaten. Sie ließ Ungarn weitgehend ungestraft die Medienfreiheit einschränken. In der Klima- und Energiepolitik, wo die Kommission lange die Vorreiterrolle der EU verteidigte, fielen die neuen Vorschläge für Klimaziele Ende 2013 so schwach aus, dass Kritiker von einem «Rollback» sprechen. (→ 58 & 65).

José Manuel Barroso fühlt sich Angela Merkel und den übrigen konservativen Regierungschefs verpflichtet. Die haben ihn bereits zweimal zum Kommissionspräsidenten bestimmt. Die EU-Abgeordneten wählen ihn zwar, aber der Kandidat wird zuvor von den Regierungen benannt. Die Parlamentarier können nur zustimmen oder ablehnen. Jedes Land schickt seinen Kommissar nach Brüssel. Der Präsident der Behörde kann nur entscheiden, welches Ministerium – im Brüsseler Jargon heißt das Generaldirektion – er welchem Land übergibt. Der Portugiese Barroso, der 2004 zum ersten Mal Kommissionspräsident wurde, war für seine Wiederwahl auf die Unterstützung der Regierungschefs angewiesen. Jetzt zeigt er sich erkenntlich.

Was mit denen passiert, die sich widersetzen, zeigt die Vergangenheit: Die Macht der Mitgliedsstaaten hat zwar einige Kommissionspräsidenten nicht daran gehindert, ihre Meinung laut und deutlich auszusprechen. Aber Walter Hallstein kostete sein Widerstand gegen den französischen Präsidenten Charles de Gaulle letztendlich die Präsidentschaft (→ 13).

Erfolg hatte dagegen Jacques Delors, der von 1985 bis 1995 Kommissionspräsident war (→ 16). Er hat die europäische Integration entscheidend vorangetrieben und sich dafür immer wieder mit den Regierenden angelegt: Er hat den gemeinsamen Binnenmarkt durchgesetzt und den Grundstein für die Währungsunion gelegt. Delors verstand sich als Politiker und handelte auch so. Barroso gibt sich eher als Generalsekretär der Europäischen Union.

Der einzige Bereich, in dem die EU-Kommission nach wie vor stark ist, ist die Wettbewerbspolitik. Als Hüterin der EU-Verträge überprüft sie regelmäßig, ob Staaten oder Unternehmen gegen die gemeinsam festgelegten Regeln für den Binnenmarkt verstoßen. Die Vertragsbrecher bekommen saftige Geldstrafen aufgebrummt.

Im Juni 2010 verhängte die Kommission gegen 17 Hersteller von Badezimmerarmaturen ein Bußgeld von insgesamt 622 Millionen Euro. Die Behörde warf ihnen vor, Preise abgesprochen und somit den Wettbewerb unterlaufen zu haben.

In diesen Auseinandersetzungen hat die Europäische Kommission einen Trumpf im Ärmel: Wenn es sein muss, kann sie Mitgliedsstaaten und Unternehmen vor dem Europäischen Gerichtshof verklagen. Allein gegen Deutschland liefen in den Jahren 2005 bis 2009 50 solche Vertragsverletzungsverfahren. In den meisten Fällen verlangte die Kommission, dass öffentliche Aufträge europaweit ausgeschrieben und gegebenenfalls auch an ausländische Unternehmen vergeben werden.

Im Dezember 2013 hat der derzeitige EU-Wettbewerbskommissar Joaquin Almunia die deutsche Bundeskanzlerin besonders verärgert und ein Vertragsverletzungsverfahren gegen das deutsche Erneuerbare-Energien-Gesetz angestoßen. Er ist der Auffassung, dass die weitgehenden Befreiungen von der EEG-Umlage für über 2000 Unternehmen wettbewerbsverzerrend seien. Seitdem laufen Verhandlungen zwischen Brüssel und Berlin – Ausgang offen.

In der Eurokrise hat sich die EU-Kommission zwischenzeitlich zwar mit einigen Vorschlägen zurückgemeldet, überlässt aber das Feld weitgehend den Staats- und Regierungschefs. Ändern könnte sich dieses Kräfteverhältnis erst wieder nach den Europawahlen im Mai 2014. Dann nämlich soll der Kommissionspräsident erstmals nicht einfach von den Staats- und Regierungschefs bestimmt werden, sondern Merkel und Co. sollen dabei das Wahlergebnis im EU-Parlament berücksichtigen. Deshalb haben die europäischen Parteien nun zum ersten Mal europäische Spitzenkandidaten für den Wahlkampf bestimmt, die als ihre Anwärter auf den Kommissionsposten präsentiert werden. Die aussichtsreichsten Kandidaten sind der derzeitige sozialdemokratische Präsident des Europäischen Parlaments, Martin Schulz, und der ehemalige Luxemburger Premierminister Jean-Claude Juncker. Sollte dieses Verfahren tatsächlich respektiert werden, gewänne der Präsident der EU-Kommission an demokratischer Legitimität und vermutlich auch an politischem Gewicht.

32. Wieso darf Deutschland mehr Abgeordnete ins Europäische Parlament schicken als Frankreich oder Malta? Die Unterschiede sind gewaltig: Für die deutschen Wähler sitzen bis zu den nächsten Europawahlen 99 Abgeordnete im Europäischen Parlament. Frankreich schickt 72, Italien 73 Parlamentarier. Aus Luxemburg und Malta kommen nur sechs Abgeordnete. Insgesamt sind es 766 Bürgervertreter. Weil Deutschland viel mehr Einwohner hat als Malta, darf es auch mehr Abgeordnete stellen.

Auch wenn es auf den ersten Blick so wirken mag: Benachteiligt werden die Malteser und Luxemburger durch diese Regelung nicht. Wenn man nämlich bestimmt, wie viele Bürger der jeweilige Abgeordnete rein rechnerisch vertritt, kommen die Malteser viel besser weg als die Deutschen: Jeder Parlamentarier aus Malta repräsentiert rund 83 000 Bürger in Brüssel. Die Deutschen und Franzosen müssen die Interessen von über 800 000 Menschen vertreten, weil ihre Länder viel mehr Einwohner haben als die Insel Malta.

Nach der Europawahl im Mai 2014 muss Deutschland drei Sitze abgeben. Auf diesen Kompromiss haben sich die Staats- und Regierungschefs der damals 27 Mitgliedsstaaten im Vertrag von Lissabon geeinigt. Weil 2007 mit Rumänien und Bulgarien zwei neue Staaten und damit

Mitglieder je Mitgliedstaat und Fraktion / 7. Wahlperiode

	♡	S&D	✶	●❸	⬤	♥	▥	NI	insgesamt
	5	5	5	4	1		1	1	**22**
	7	4	5				1	1	**18**
	2	7			9	4			**22**
	1	5	3	1	1	1	1		**13**
	42	23	12	14		8			**99**
	1	1	3	1					**6**
	4	2	4			1		1	**12**
	7	8	1	1		3	2		**22**
	25	23	2	2		1		1	**54**
	30	13	6	16		5	1	3	**74**
	5	5			1	1			**12**
	34	23	4		2		8	2	**73**
	2	2				2			**6**
	4	1	1	1	1	1			**9**
	4	3	2		1		2		**12**
	3	1	1	1					**6**
	14	4			1			3	**22**
	2	4							**6**
	5	3	6	3	1	2	1	5	**26**
	6	5	1	2				5	**19**
	28	7			12		4		**51**
	10	7		1		4			**22**
	14	11	5					3	**33**
	4	2	2						**8**
	6	5	1				1		**13**
	4	2	4	2			1		**13**
	5	6	4	4		1			**20**
		13	12	5	27	1	8	7	**73**
insgesamt	**274**	**195**	**84**	**58**	**57**	**35**	**31**	**32**	**766**

Legt ein Abgeordneter sein Mandat nieder, so muss der entsprechende Mitgliedstaat dem Europäischen Parlament dessen Nachfolger mitteilen.
Auf diese Weise wird das Verzeichnis aktualisiert. Dennoch kann die offizielle Anzahl der Sitze von der tatsächlichen Anzahl der Abgeordneten kurzfristig abweichen.

♡ -Fraktion der Europäischen Volkspartei

S&D -Fraktion der Progressiven Allianz der Sozialisten und Demokraten im Europäischen Parlament

✶ -Fraktion der Allianz der Liberalen und Demokraten für Europa

⬤ -Europäische Konservative und Reformisten

●❸ -Fraktion der Grünen/Freie Europäische Allianz

♥ -Konföderale Fraktion der Vereinigten europäischen Linken/Nordische Grüne Linke

▥ -Fraktion «Europa der Freiheit und Demokratie»

NI -Fraktionslose

auch EU-Abgeordnete hinzugekommen sind, mussten die Sitze neu verteilt werden.

Das Abgeordnetenhaus kann nicht unendlich weiterwachsen. Sonst würde es seine Arbeitsfähigkeit verlieren. Als 2001 die Vergrößerung von 626 auf über 700 Mitglieder beschlossen wurde, scherzte der CDU-Europaabgeordnete Elmar Brok bereits, das EU-Parlament nähere sich dem chinesischen Volkskongress an. Das Parlament in Peking zählt 3000 Mitglieder.

Um solche Exzesse zu vermeiden, legt der Vertrag von Lissabon für die Zeit nach 2014 eine Höchstgrenze von 750 Abgeordneten fest. Dazu kommt der Parlamentspräsident, der während seiner Amtszeit nicht stimmberechtigt ist. Jedes Land darf dann mindestes sechs und höchstens 96 Abgeordnete nach Brüssel schicken.

Regelmäßig gibt es Streit um die Sitzverteilung. Für die Mitgliedsländer geht es um Prestige und Einfluss. Die Tschechische Republik und Ungarn haben bei ihrem Beitritt darauf bestanden, genauso viele Sitze wie Belgien, Portugal und Griechenland zu bekommen. Italien hat immer für die gleichen Rechte wie Frankreich und Großbritannien gestritten.

Bei der deutschen Wiedervereinigung im Jahr 1990 stellte sich die französische Regierung stur. Paris wollte den Deutschen auf keinen Fall mehr Sitze zugestehen, obwohl auf einen Schlag 16 Millionen Menschen mehr zu vertreten waren. Die Franzosen hielten an der bisherigen Regelung fest: Seit der Gründung der Gemeinschaft hatten Deutsche, Italiener und Franzosen die gleiche Anzahl an Abgeordneten. Schließlich gab Paris klein bei: Nach der Europawahl wird Deutschland mit 96 Abgeordneten vertreten sein. Frankreich darf dann 74 schicken.

Man wird in Zukunft jedes Mal, wenn ein neues Land der Europäischen Union beitritt, die Sitzverteilung im Europäischen Parlament neu regeln müssen.

33. Welche Rechte hat das Europäische Parlament?

Der 19. Januar 2010 war ein schwarzer Tag für den EU-Kommissionspräsidenten José Manuel Barroso. Er war von den Mitgliedsstaaten im Amt bestätigt worden und musste seine Mannschaft für die Barroso-II-Kommission vom Europäischen Parlament abnicken lassen.

Aber gerade war seine bulgarische Kommissarsanwärterin Rumiana Jeleva durch die Prüfung im Europäischen Parlament gefallen.

Die EU-Abgeordneten waren nicht zufrieden mit deren Ausführungen, hielten sie für ungeeignet als Verantwortliche für die humanitäre Hilfe der Europäischen Union. Eine glatte Sechs bekam die Bulgarin, und Barroso musste sich schnell nach einer neuen Kandidatin umsehen.

Denn nur wenn die EU-Abgeordneten der gesamten EU-Kommission zustimmen, kann die ihre Arbeit aufnehmen. Die Parlamentarier erzwangen mit ihrem Nein, dass die Bulgaren ein politisches Schwergewicht in die Brüsseler Kommission entsandten. Statt der Ex-Außenministerin Jeleva kam die ehemalige Weltbank-Vizepräsidentin Kristalina Georgieva. Die Abgeordneten waren zufrieden.

Das Europäische Parlament kontrolliert deren Arbeit auch nach den Wahlen. Die Kommissare erstatten in den zuständigen parlamentarischen Ausschüssen regelmäßig Bericht über ihr Arbeitsfeld. Der Kommissionspräsident kommt mindestens vier Mal im Jahr in die Plenarsitzungen und muss dort Rede und Antwort stehen.

Wenn die Abgeordneten Zweifel haben, ob ein Gesetzesvorschlag der Kommission den EU-Verträgen entspricht, können sie vor dem Europäischen Gerichtshof dagegen klagen. Bei schweren Verstößen gegen die Verträge kann das Parlament die Kommission auch durch ein Misstrauensvotum direkt absetzen.

Dies ist das älteste Recht der Volksvertreter. Bereits in der Kohle- und Stahlunion in den 1950er Jahren gab es die Möglichkeit zum Misstrauensvotum.

Wie der Deutsche Bundestag hat das EU-Parlament ein Haushaltsrecht. Ohne dessen Zustimmung darf die Europäische Union keinen Cent aus dem Gemeinschaftsbudget ausgeben. Die Abgeordneten entscheiden gemeinsam mit den Mitgliedsstaaten, wie viel Geld für welchen Politikbereich eingeplant wird.

Seit dem Vertrag von Lissabon ist das Mitspracherecht des Parlaments ausgeweitet worden. Die Abgeordneten entscheiden gemeinsam mit den Mitgliedsstaaten nun auch über die Energie-, Verkehrs- und Einwanderungspolitik, den Umwelt- und den Verbraucherschutz (→ 19).

Außerdem müssen die Abgeordneten Abkommen mit Drittstaaten und den Verträgen mit neuen EU-Mitgliedern zustimmen. Diesen Einfluss nutzen die Abgeordneten. So haben sie im Juli 2012 das umstrittene Anti-Piraterie-Abkommen Acta abgelehnt, das die Freiheit von Internetnutzern stark eingeschränkt hätte. Zurzeit laufen die Verhandlungen zum Freihandelsabkommen mit den USA. Auch diesem Vertrag müssen die Parlamentarier am Ende zustimmen, damit es in Kraft treten kann (→ 88).

So mächtig war die europäische Volksvertretung nicht immer. Als die Bürger der Europäischen Gemeinschaft 1979 zum ersten Mal die Abgeordneten direkt wählen konnten, hatte die Institution eine rein beratende Rolle bei den Entscheidungsprozessen. Mit jedem neuen EU-Vertrag bekamen die Volksvertreter mehr Rechte.

In der Eurokrise haben die Abgeordneten aber trotzdem nicht viel zu sagen. Ihre Zustimmung ist zwar notwendig, wenn in der Finanzpolitik neue Richtlinien verabschiedet werden wie etwa die Neugestaltung des Eurostabilitätspakts. Aber die Hilfspakete und Rettungsschirme für die hochverschuldeten Länder Griechenland, Spanien, Portugal und Irland konnten die Regierungen der 17 Eurostaaten ohne die Zustimmung des Parlaments beschließen, weil die Gelder aus den nationalen Staatskassen kommen und nicht aus dem EU-Haushalt.

34. Warum tagt das Europäische Parlament in Brüssel und in Straßburg?

Zu den monatlichen Plenartagungen treffen sich die Abgeordneten in Straßburg. Alle übrigen Sitzungen, zum Beispiel von Ausschüssen und Fraktionen, werden in Brüssel abgehalten. Der größte Teil der Parlamentsverwaltung wiederum befindet sich in Luxemburg. Drei Städte für ein Parlament – ein typischer EU-Kompromiss.

Zu Beginn des europäischen Integrationsprozesses tagte das Parlament, das damals noch kaum politische Rechte und eher symbolischen Charakter hatte, in den Räumen des Europarats in Straßburg. Viele seiner Mitglieder saßen gleichzeitig in beiden Versammlungen. Die Wege waren kurz. Die Parlamentarier sparten sich lange Anreisewege.

Als die Abgeordneten Anfang der 1960er Jahre eigene Räumlichkeiten einforderten, war es logisch, diese ebenfalls in Straßburg einzurichten. Gleichzeitig siedelten sich aber immer mehr Institutionen der Europäischen Gemeinschaften, mit denen die Abgeordneten verhandeln mussten, in Brüssel an (→ 24).

Da sich die Mitgliedsstaaten nicht auf einen ständigen Sitz einigen konnten, beschloss das Parlament schließlich selbst, sowohl in Brüssel als auch in Straßburg die gesamte Infrastruktur aufzubauen. In Brüssel wurde das Parlamentsgebäude 1997 eingeweiht, zwei

Plenarsitzung des EU-Parlaments in Straßburg

Jahre später folgte die Eröffnung in Straßburg. Seitdem zieht die Karawane aus Abgeordneten, Assistenten und anderen Beamten ein bis zweimal im Monat für eine knappe Woche von Brüssel nach Straßburg. Diese Wanderung ist umstritten. Nach Schätzungen des Parlaments kostet der Reisezirkus jährlich 200 Millionen Euro. Seit 1992 gibt es im EU-Parlament immer wieder Initiativen, alle Sitzungen in Brüssel abzuhalten. 2006 hat eine Gruppe um den EU-Abgeordneten Alexander Alvaro eine Million Unterschriften von Bürgern gesammelt – für die Abschaffung der Straßburg-Wochen.

Im November 2013 stimmten die EU-Abgeordneten dann erstmals offiziell über ihren Sitz ab. Eine überwältigende Mehrheit sprach sich für die Abschaffung des Reisezirkus aus. Ändern wird sich aber trotzdem erst einmal nichts: Straßburg als Sitzungsort abschaffen, das können nur die Staats- und Regierungschefs. Alle 28 müssten zustimmen. Und bisher sperrt sich Frankreich hartnäckig. Paris will nicht auf das Prestige und das Geld verzichten, das das Europaparlament nach Straßburg bringt.

35. Sind alle EU-Abgeordneten faul? Ein typischer Arbeitstag des grünen EU-Abgeordneten Sven Giegold beginnt um acht Uhr in der Früh. Da er in seiner Fraktion für die Finanzthemen zuständig ist, nimmt er an einem Frühstück der Commerzbank in Brüssel teil. Gemeinsam mit Bankern und Politikern diskutiert er mögliche Wege aus der Eurokrise. Nach einer Stunde eilt er ins Europäische Parlament zur Ausschusssitzung. Seit Ausbruch der Finanzkrise tagt sein Ausschuss, der für Wirtschafts- und Währungspolitik zuständig ist, noch öfter als üblich. Um die Mittagszeit trifft sich der grüne Politiker kurz mit seinen Mitarbeitern im Büro und gibt dann zwei Interviews. Gegen drei Uhr am Nachmittag geht die Ausschusssitzung weiter. Sven Giegold bleibt aber erst noch eine Stunde in einer Telefonkonferenz mit Kollegen in Berlin, bevor er wieder in den Ausschuss zurückgeht.

Danach, gegen 19 Uhr 30, trifft sich der Abgeordnete mit Mitarbeitern der grünen Fraktion. Sie besprechen, wie sie einen Gesetzesvorschlag für europäische Genossenschaften weiter voranbringen können. Danach geht Giegold noch für ein Stündchen zum Empfang des deutschen Sparkassen- und Giroverbands, um seine Kontakte zu pflegen. Arbeitsende ist nach der letzten Telefonkonferenz gegen 23 Uhr. Ein 13-Stunden-Tag. So ähnlich sehen die Tage von vielen EU-Abgeordneten aus. Aber manche Kollegen von Sven Giegold nehmen es mit der Arbeitsmoral nicht so genau.

Im Oktober 2011 wurde nach Recherchen des Norddeutschen Rundfunks bekannt, dass die FDP-Europa-Abgeordnete Silvana Koch-Mehrin seit ihrer Wahl 2009 in keiner Sitzung des Petitionsausschusses war. Die französische konservative Abgeordnete Rachida Dati hat nur an knapp 60 Prozent der Abstimmungen im Plenum teilgenommen. Sie schwänzte 2011 die meisten Sitzungen des Wirtschafts- und Währungsausschusses, in dem auch Sven Giegold sitzt. Trotz Eurokrise kümmerte Dati sich lieber um Lokalpolitik in Paris. Dort ist sie Bürgermeisterin eines Arrondissements.

Schon im Jahr 2004 sorgte der österreichische Abgeordnete Hans-Peter Martin für Aufsehen, als er behauptete, viele seiner Kollegen würden sich zwar auf den Anwesenheitslisten vor den Plenarsitzungen eintragen, aber dann sofort wieder gehen.

Sanktioniert wird das nicht. Die Anwesenheitslisten werden nicht überprüft. Die Abgeordneten sind laut Mandat einzig ihrem Gewissen verpflichtet. Deshalb kann man ihnen keine Anwesenheitspflicht vorschreiben.

Wer einmal am Tag auf der Liste vor dem Plenarsaal unterschrieben hat, bekommt sein Tagegeld von 304 Euro. Nur wenn ein Parlamentarier bei der Hälfte der namentlichen Abstimmungen an diesem Tag fehlt, wird das Geld um die Hälfte gekürzt. Das ist aber nicht oft notwendig. Bis auf wenige Einzelfälle sind die EU-Abgeordneten zu den Abstimmungen im Plenum anwesend. Ihre Anwesenheitsquote liegt in der Regel bei mindestens 70 Prozent.

36. Was ist der Unterschied zwischen dem Europäischen Rat und dem Europarat? Die Namen sind verwirrend ähnlich, aber die beiden Institutionen sind klar voneinander getrennt. Der «Europäische Rat» ist Teil der Europäischen Union. Wenn sich die Staats- und Regierungschefs der 27 EU-Mitgliedsstaaten in Brüssel treffen, heißt dieses Gremium in der offiziellen EU-Sprache «Europäischer Rat». Er gibt die politischen Leitlinien für die Gemeinschaft vor und trifft die Grundsatzentscheidungen.

Der Europarat ist von der Europäischen Union völlig unabhängig. Am 5. Mai 1949 unterschrieben in London zehn Länder den Gründungsvertrag: Belgien, Frankreich, Luxemburg, die Niederlande, Großbritannien, Irland, Italien, Dänemark, Norwegen und Schweden. Ein Jahr später trat Deutschland bei. 2011 hatte der Europarat 47 Mitglieder. Ihr gemeinsames Ziel: Demokratie und Rechtsstaatlichkeit für ganz Europa.

Einige der Gründer träumten davon, dass sich aus dem Europarat eine europäische Regierung entwickeln würde. Aber im Laufe der Jahre lief die Europäische Wirtschaftsgemeinschaft dem Europarat den Rang ab. Die politische und wirtschaftliche Integration wurde schon bald in Brüssel organisiert und nicht im Europarat in Straßburg.

Deshalb entwickelte die Organisation ihr eigenes Profil und machte sich zum Verteidiger der Menschenrechte in Europa. Ihr wichtigstes Instrument wurde die 1950 unterzeichnete Europäische Menschenrechtskonvention. Nur Staaten, die diese Konvention übernehmen, dürfen dem Europarat beitreten. Die Konvention verbietet Folter, Sklaverei und Zwangsarbeit. Sie schützt Meinungs- und Pressefreiheit, Religionsfreiheit und das Recht auf ein faires Gerichtsverfahren. Verstoßen Staaten gegen die Konvention, können die Betroffenen seit 1998 beim Europäischen Menschengerichtshof klagen (→ 88). Die Europäische Union ist der Konvention noch nicht beigetreten, wohl aber alle ihre Mitgliedsstaaten.

Trotz der organisatorischen Trennung haben der Europarat und die Europäische Union immer wieder miteinander zu tun. So leistete der Europarat wichtige Vorarbeit für die Europäische Union bei der Integration der ehemaligen Ostblockstaaten. Schon in den 1980er Jahren knüpfte der Europarat Kontakte in die Länder, die auf der anderen Seite des eisernen Vorhangs lagen. Die Experten aus Straßburg halfen Polen, Ungarn und den baltischen Staaten bei der Erarbeitung einer demokratischen Verfassung. Sie bauten ein unabhängiges Justizsystem mit auf. Das förderte die Beitrittsverhandlungen zur Europäischen Union. Ohne diese Vorarbeit hätte die Erweiterung vermutlich um einiges länger gedauert.

Um solche Synergien in Zukunft besser zu nutzen, haben die beiden Institutionen im Mai 2007 ein Memorandum unterschrieben und sich verpflichtet, in den Bereichen Menschenrechte, Rechtsstaatlichkeit, Kultur- und Sozialpolitik besser zusammenzuarbeiten. In der Praxis ist davon aber wenig zu spüren.

37. Wie einigen sich die EU-Mitgliedsstaaten bei ihren Entscheidungen im Europäischen Rat?

Manchmal möchte man Mäuschen spielen bei den Treffen der Staats- und Regierungschefs. Der Gipfel in der französischen Mittelmeerstadt Nizza im Dezember 2000 ist so ein Fall. Vier Tage lang verhandelten die Staats- und Regierungschefs miteinander – die 15 damaligen EU-Staaten gemeinsam mit den zwölf potentiellen Beitrittskandidaten, die vier Jahre später EU-Mitglieder werden sollten.

In der Regel dauern die Treffen der EU-Politiker höchstens zwei Tage. Aber in Nizza konnten sie sich einfach nicht einigen. Der Grund: die Stimmenverteilung im Europäischen Rat. Polen wollte genauso viele Stimmen bekommen wie Spanien, weil die beiden Länder ungefähr gleich viele Einwohner haben. Frankreich bestand darauf, auch in Zukunft genauso viele Stimmen zu bekommen wie Deutschland, obwohl Deutschland nach der Wiedervereinigung 16 Millionen mehr Einwohner hatte als das Nachbarland. Und für die belgische Regierung war es inakzeptabel, dass die Niederlande 13 Stimmen bekommen sollten, ihr Land aber nur zwölf.

Alle Staaten wollten einen möglichst großen Einfluss auf die Entscheidungen im Europäischen Rat bekommen. Die Minister entscheiden dort nämlich meist nach der qualifizierten Mehrheit. Jeder Staat bekommt dafür eine bestimmte Stimmenanzahl. Wenn ein Vorschlag eine anteilig ausreichende Stimmenzahl erhält, wird er angenommen. Ob ein Land zwölf oder 13 Stimmen hat, kann dabei durchaus eine entscheidende Rolle spielen.

Tagelang rechnete die französische EU-Ratspräsidentschaft, schob die Stimmenanteile hin und her und bot in manchen Fällen seltsame Tauschgeschäfte an: Belgien verzichtete zum Schluss auf seine Stimme. Dafür bekam es die Zusage, dass in Zukunft alle Ratstreffen in Brüssel stattfinden. Bis dahin trafen sich die Minister in dem Land, das gerade den Ratsvorsitz innehatte. Polen bekam letztendlich genauso viele Stimmen wie Spanien. Frankreich wurde mit Deutschland gleichgestellt. Zum Ausgleich wurde Deutschland mit einer zusätzlichen Klausel entschädigt: Um einen Vorschlag anzunehmen, muss nicht nur die Mehrheit der Staaten zustimmen, sondern diese Staaten müssen auch mindestens 62 Prozent der EU-Bevölkerung repräsentieren. Das kam dem bevölkerungsreichen Deutschland entgegen. Es ging zu wie auf einem Basar: Jeder feilschte so lange, bis er bekam, was er wollte.

Das Ergebnis ist ein äußerst kompliziertes Abstimmungsverfahren: Insgesamt wurden 345 Stimmen zwischen den Staaten verteilt. Seit dem Beitritt Kroatiens im Juli 2013 sind es sogar 352. Eine qualifizierte Mehrheit ist mit 260 Stimmen erreicht, aber nur wenn gleichzeitig zwei Drittel der Staaten einverstanden sind, die die Mehrheit der EU-Bevölkerung repräsentieren. Der Vertrag von Lissabon vereinfacht dieses komplizierte Verfahren etwas: Für eine Entscheidung müssen mindestens 55 Prozent der Mitgliedsstaaten dafür stimmen, die 65 Prozent der EU-Bevölkerung vereinen. Diese Regel der doppelten Mehrheit wird aber erst ab 2017 vollständig angewandt. Bis dahin gilt sie nur, wenn kein Mitgliedsland widerspricht. Sonst bleibt die Stimmenverteilung nach dem Vertrag von Nizza bestehen.

Fast alle Entscheidungen im Europäischen Rat werden so getroffen.

Die einfache Mehrheit wird nur für Entscheidungen über innere Abläufe benutzt. In manchen Fällen müssen die Mitgliedsstaaten weiterhin einstimmig entscheiden – zum Beispiel wenn es um die Aufnahme eines neuen Mitgliedsstaates geht.

Die Europäische Union ist die einzige internationale Organisation, in der es Mehrheitsentscheidungen gibt. Das Veto eines Landes reicht nicht, anders als zum Beispiel im UN-Sicherheitsrat, um Entscheidungen zu blockieren.

38. Was hat der Menschengerichtshof in Straßburg mit der Europäischen Union zu tun? Der Menschengerichtshof in Straßburg gehört zum Europarat, nicht zur Europäischen Union. Alle EU-Länder haben aber die Europäische Menschenrechtskonvention unterschrieben und sind damit an die Urteile des Gerichtshofs gebunden. Deshalb haben die Entscheidungen der Straßburger Richter durchaus Auswirkungen auf EU-Recht.

Im Januar 2011 verurteilte der Gerichtshof die Abschiebung von Asylbewerbern nach Griechenland. Die Bedingungen dort seien unmenschlich, urteilten die Richter und rügten Belgien. Das Land war von einem afghanischen Asylbewerber verklagt worden, der nach Griechenland abgeschoben worden war. Belgien musste die Abschiebung zurücknehmen und dem Opfer Schadenersatz zahlen.

Nach dem Urteil setzten verschiedene EU-Mitgliedsstaaten die Abschiebungen aus – darunter auch Deutschland. Das Urteil stellt die so genannte Dublin-III-Regelung der Europäischen Union in Frage. Nach diesem Abkommen müssen Flüchtlinge in dem Land Asyl beantragen, über das sie in die Europäische Union eingereist sind. Im Falle des afghanischen Klägers war das Griechenland (→ 91). Die EU-Länder arbeiten seitdem an einer EU-weiten Neuregelung, um weitere Verurteilungen durch die Straßburger Richter zu vermeiden.

Am Gerichtshof arbeiten 47 Richter – aus jedem Mitgliedsland des Europarats einer. 2013 fällten die Richter 916 Urteile, die insgesamt 3659 Beschwerden betrafen. Nur sieben Fälle spielten in Deutschland. Die meisten Verfahren laufen gegen Russland, Italien, die Ukraine und Serbien. Jedes Jahr kommen rund 50 000 neue Beschwerden hinzu. 99 900 Fälle sind noch nicht bearbeitet worden.

In Deutschland hat vor allem das Straßburger Urteil zur Sicherungsverwahrung von Sexualstraftätern für Furore gesorgt. Im Januar 2011 rügte der Gerichtshof Deutschland für die bis dahin übliche Praxis, die Sicherungsverwahrung nachträglich anzuordnen. Das heißt: Sie wurde nicht beim Urteil gegen den Angeklagten verhängt, sondern erst, während er seine eigentliche Haftstrafe verbüßte. Dieses Vorgehen verstößt gegen das in der Menschenrechtskonvention geschützte Recht auf Freiheit und Sicherheit, urteilten die Richter. Deutschland musste daraufhin mehrere Sexualstraftäter aus der Haft entlassen. Die Bundesregierung arbeitet an einem neuen Gesetz, um die Freilassung von weiteren Tätern, die rückfällig werden könnten, zu vermeiden.

Beim Europäischen Gerichtshof für Menschenrechte können Einzelpersonen und Staaten klagen. Sie müssen zunächst ihr nationales Rechtssystem ausgereizt haben. Verurteilt werden können nur Staaten.

Die Europäische Kommission und das Europäische Parlament können nicht vor den Gerichtshof ziehen. Erst wenn die Europäische Union als Einheit der Europäischen Menschenrechtskonvention beigetreten ist, könnte das möglich werden.

39. Welche Rolle spielt der Europäische Gerichtshof in Luxemburg? Karen Murphy verdankt den Luxemburger Richtern europaweiten Ruhm: Die englische Pub-Besitzerin erstritt sich im Oktober 2011 das Recht, in ihrem Lokal die Spiele der englischen Fußball-Liga über einen griechischen Pay-TV-Anbieter auszustrahlen. Der war viel billiger als der englische Originalsender. Die Richter in Luxemburg gaben der Frau Recht: Im Binnenmarkt der Europäischen Union gibt es keine Grenzen – auch nicht für Pay-TV-Angebote.

Karen Murphy spart mit ihrer griechischen Decoder-Karte fast 4700 Euro im Jahr an Gebühren. Zahlreiche Geschäftsleute und Privatpersonen könnten ihre Idee nun kopieren. Die europäischen Fußballverbände müssen sich schleunigst neue Verträge ausdenken, um einen Millionenverlust zu vermeiden. Für die europäischen Richter war der Fall klar: In der Europäischen Union gibt es nicht nur eine gemeinsame Währung, sondern auch einen gemeinsamen Markt.

Diesem Prinzip folgen die Richter seit der Gründung des Gerichtshofs 1952. 1974 entschieden sie, dass nationale Beschränkungen für Produkte aus anderen Mitgliedsstaaten nicht zulässig sind, weil sie dem Prinzip des gemeinsamen Binnenmarkts widersprechen. Werbeslogans wie «Kauft französisch!» wurden verboten. Fünf Jahre später bestärkten die Richter in ihrem Urteil zum französischen Cassis-Likör ihr Verbot für Handelsbeschränkungen innerhalb der Gemeinschaft (→ 43).

Zunächst nur für die Kohle- und Stahlunion zuständig, erweiterte jeder neue EU-Vertrag die Kompetenzen des Gerichtshofs. Seit dem Vertrag von Lissabon sind die 28 Richter (jedes Mitgliedsland schickt einen Juristen nach Luxemburg) für die Auslegung des gesamten EU-Rechts zuständig. Im Jahr 2013 gingen 699 neue Klagen bei den Luxemburger Richtern ein. Sie schlossen 701 Rechtssachen ab.

Klagen können Einzelpersonen, die EU-Institutionen und die Mitgliedsstaaten, wenn sie überzeugt sind, dass eine bestimmte Regelung, ein Gesetz oder ein Verbot gegen EU-Recht verstößt – wie die Kneipenwirtin Karen Murphy. Die Urteile sind rechtsverbindlich. Die Staaten müssen ihre Gesetze entsprechend ändern, wenn die Richter einen Verstoß feststellen. Auch die nationalen Gerichte können die EU-Richter um ihr Urteil bitten, wenn sie sich bei der Auslegung von EU-Recht nicht sicher sind. Bei allen Entscheidungen gilt: EU-Recht hat Vorrang vor nationalem Recht. Die Richter nehmen damit direkten Einfluss auf die deutsche Gesetzgebung. Das Verfassungsgericht Hannover rief den Gerichtshof 1998 an. Eine Frau hatte dort geklagt, weil ihre Bewerbung bei der Bundeswehr abgelehnt worden war. Die Begründung: Das deutsche Grundgesetz verbiete Frauen den Dienst an der Waffe. Die Richter in Luxemburg sahen darin einen Verstoß gegen die Gleichberechtigung zwischen Männern und Frauen. Nach dem Urteil im Januar 2000 änderte der Bundestag das Grundgesetz. Seitdem heißt es dort, dass Frauen zwar nicht verpflichtet werden dürfen, Dienst an der Waffe zu tun. Wenn sie es aber wollen, darf es ihnen keiner verbieten.

Elf Jahre später sorgte das Urteil der Richter zu Gen-Honig für Aufsehen: Bis zum Herbst 2011 galt in der Europäischen Union die Regel, dass Honig nicht unter das europäische Gentechnikrecht fällt. Die EU-Kommission hatte das so entschieden. Honig durfte Pollen von gentechnisch veränderten Pflanzen enthalten, ohne dass er entsprechend gekennzeichnet sein musste. Der Europäische Gerichtshof hat diese Regelung gekippt: Der Honig muss in jedem Fall gekennzeichnet werden, sagten die Richter. Falls er Gen-Pollen von Pflanzen enthält, die in der Europäischen Union nur als tierische Futtermittel und nicht für den menschlichen Verzehr zugelassen sind, muss er sogar vernichtet werden. Ob Lebensmittel, Fußball oder Sportwetten – die Richter haben das letzte Wort. Und zwar überall in der Europäischen Union.

Das Urteil zu den Pay-TV-Angeboten war nicht das erste, das die europäische Fußballwelt durcheinandergebracht hat. 1995 hatten die Richter nach der Klage eines belgischen Fußballprofis die Beschränkungen für ausländische Spieler in einer Mannschaft aufgehoben. Die Quoten wurden abgeschafft. Europäische Spieler können seitdem nach Ablauf ihres Vertrags ohne Ablösesumme zu einem anderen Club wechseln.

Die Mobilität der Spieler wuchs enorm. Schon in der Saison

2000/01 lag der Anteil ausländischer Spieler in der deutschen Bundesliga bei über 40 Prozent. Im Eishockey waren es sogar 60 Prozent.

Dem Kläger Jean-Marc Bosman aus Belgien hat das Urteil von damals allerdings nichts gebracht. Er ging an dem Rechtsstreit zugrunde, wurde Alkoholiker. Heute ist er arbeitslos und muss seine vierköpfige Familie mit monatlich 700 Euro Sozialhilfe ernähren.

40. Was machen EU-Agenturen? Nur selten gelangen Einzelheiten aus den Gesprächen der Staats- und Regierungschefs bei ihren EU-Treffen an die Öffentlichkeit. Der Gipfel im Dezember 2001 im Brüsseler Vorort Laeken ist so eine Ausnahme. Es ging damals um die Vergabe der Standorte für die prestigeträchtigen EU-Agenturen. Der damalige italienische Premierminister Silvio Berlusconi beanspruchte die Lebensmittelagentur für die Schinkenstadt Parma. Er brüllte seine Kollegen angeblich an und warf den Finnen, die ebenfalls Interesse angemeldet hatten, vor, sie hätten ja sowieso keine Ahnung von gutem Essen. Der schwedische Regierungschef Göran Persson, der bei der Standortverteilung leer ausging, wurde vom französischen Präsidenten Jacques Chirac getröstet mit dem Vorschlag, er könne doch in Stockholm eine neue Model-Agentur gründen.

Die Agenturen der Europäischen Union sind die einzigen Behörden der Gemeinschaft, die nicht in Brüssel, Luxemburg oder Straßburg angesiedelt sind, sondern direkt in den Mitgliedsstaaten. Sie bringen Arbeitsplätze, Steuern und Prestige und sind deshalb bei allen Staaten begehrt. Insgesamt gibt es zurzeit 44 solcher Agenturen. Diese Behörden versorgen die EU-Politiker mit Informationen zu bestimmten Themen. Sie führen Untersuchungen durch und überwachen die Umsetzung der EU-Richtlinien in ihrem Bereich.

Die Europäische Beobachtungsstelle für Drogen und Drogensucht in Lissabon zum Beispiel arbeitet seit 1994 daran, den Regierungen bessere Informationen zum Thema Drogensucht zu liefern. Die Agentur für Grundrechte in Wien überwacht den Umgang mit Menschenrechten innerhalb der Europäischen Union und legt dazu regelmäßig Berichte vor.

Andere Agenturen sammeln nicht nur Informationen. Sie haben Entscheidungsmacht. Die Agentur für Lebensmittelsicherheit in Parma bewertet, ob bestimmte Gen-Mais-Sorten gefährlich sind für den menschlichen Organismus oder nicht. Die EU-Kommission folgt diesen Empfehlungen meist, wenn es darum geht, ob der Mais in der Europäischen Union zugelassen wird oder nicht. Die Agentur für Flugsicherheit in Köln überwacht und managt große Teile des europäischen Luftraums. Und die Agentur für Arzneimittelsicherheit in London ist für die Zulassung von Medikamenten auf dem europäischen Markt zuständig.

Insgesamt kosten diese Behörden mehr als eine Milliarde Euro im Jahr. Über 5000 Menschen arbeiten dort – unter anderem in Thessaloniki, Lissabon, Warschau und Kopenhagen. Die Liste der Standorte liest sich wie der Prospekt eines Reisebüros.

In den 1990er Jahren begannen die Mitgliedsstaaten mit der Einrichtung der Agenturen. Vor allem seit dem Laeken-Gipfel 2001 werden ständig neue gegründet. Der ehemalige EU-Abgeordnete aus Österreich Herbert Bösch bemerkte einmal bösartig, dass der Zweck der Agenturen nicht entscheidend sei. Wichtig sei lediglich, dass jedes Mitgliedsland seine Agentur bekomme.

Das Europäische Parlament beklagt regelmäßig, dass die Arbeit und die Wirtschaftlichkeit dieser Agenturen kaum kontrolliert werden. Die Behörden werden aus dem EU-Haushalt bezahlt, die Kontrolle obliegt allerdings den Mitgliedsstaaten, und weil das Geld nicht aus ihren Kassen kommt, schauen sie oft nicht so genau hin. Im Mai 2011 hat das Europäische Parlament deshalb den Europäischen Rechnungshof gebeten, die Agenturen genau zu überprüfen. Der Hof stellt fest, dass zahlreiche Agenturen Interessenskonflikte nicht angemessen behandeln. Konsequenzen hatte dieses Ergebnis aber bisher nicht.

Die Schweden sind übrigens ein paar Jahre später für den Affront in Laeken entschädigt worden: Sie bekamen 2004 den Zuschlag für das Europäische Zentrum für die Prävention und die Kontrolle von Krankheiten. Es wurde ein Jahr später in Stockholm eröffnet.

Die Europäische Union und ihre Bürger

41. Warum hat die Europäische Union so ein schlechtes Image? Nur ein Drittel der EU-Bürger haben nach einer Umfrage der Europäischen Kommission vom Herbst 2013 ein positives Bild von der Europäischen Union. Knapp 60 Prozent haben das Gefühl, dass ihre Stimme in Brüssel nicht zählt. Sie vertrauen der Europäischen Kommission nicht und fühlen sich von den EU-Politikern nicht repräsentiert.

Außerdem sind über der Hälfte der Befragten ihre Rechte als EU-Bürger unbekannt. Die EU bleibt ein fremdes Wesen.

Dass diese Gruppe den Institutionen kein Vertrauen schenkt, ist nicht verwunderlich. Sie kennen sich nicht aus, können nicht nachvollziehen, was in Brüssel passiert. Sie wissen nicht, wie ein EU-Gesetz entsteht oder welche Aufgaben der Präsident der Europäischen Kommission hat.

Sie fürchten sich vor einem schwerfälligen, undemokratischen und bürokratischen Monster, das in Brüssel sitzt und gegen die Interessen der Bürger agiert. Dass die Europäische Union kein unkontrolliertes Eigenleben führen kann, sondern sich aus den 28 Mitgliedstaaten zusammensetzt, die alle mitbestimmen, kommt bei den meisten Bürgern nicht an. Und die EU-Institutionen geben sich auch kaum Mühe, diese Vorurteile zu ändern beziehungsweise gegen sie zu arbeiten. Es scheint, als sei es einigen in Brüssel ganz recht, dass die Bürger ihre Arbeit nicht durchschauen oder sich kaum dafür interessieren.

Auch viele nationale Politiker nutzen die Europäische Union als Sündenbock für Entscheidungen, die bei ihren Wählern zu Hause nicht sonderlich populär sind. Kommt ein Premierminister mit einer guten Nachricht aus Brüssel zurück, verkauft er sie gerne als Verdienst der eigenen Regierung. Hat er schlechte Nachrichten, schiebt er sie eben auf «die EU». Wer sich dahinter genau verbirgt, bleibt unklar. Immer wieder wird die EU-Kommission für Entscheidungen verantwortlich gemacht, die eigentlich die Mitgliedstaaten getroffen haben.

Dafür sorgen auch die Medien. Den meisten – allen voran den Fernsehsendern – ist die Europäische Union zu kompliziert. Auch wenn mittlerweile rund 80 Prozent aller nationalen Gesetze ihren Ursprung in Brüssel haben, bekommt die EU-Politik verhältnismäßig wenig Sendezeit. Es ist nicht «sexy», über die komplizierten Verhandlungsmechanismen und Stimmverteilungen zu berichten. Die Medien vereinfachen, polarisieren, und meist ist die Europäische Union das Opfer dieser einseitigen Berichterstattung. Zwischen EU-Rat, Kommission und Parlament zu unterscheiden dauert vielen zu lange. Im Wort «Brüssel» wird alles zusammengerührt.

Das Desinteresse der Medien überträgt sich auf die Öffentlichkeit in den Mitgliedsländern. Dies dient wiederum den Medien als Vorwand, der EU-Berichterstattung nicht mehr Platz einzuräumen, ein Teufelskreis. Wenn sich die Öffentlichkeit für die Europäische Union interessiert, dann meistens, wenn es tatsächlich schlechte Nachrichten aus Brüssel gibt: Wenn sich die EU-Bürger vor einem Zustrom billiger Arbeitskräfte aus den neuen EU-Mitgliedsstaaten fürchten, wenn der Beitritt der Türkei für Aufregung sorgt oder wenn der Euro bedroht ist. Dass die EU-Politiker – in den Hauptstädten und in Brüssel – dann keine überzeugenden Antworten liefern, kratzt zusätzlich am Image der Europäischen Union.

42. Gibt es eine EU-Staatsbürgerschaft? Die EU-Mitgliedsstaaten haben sich für eine Zwitterlösung entschieden: Jeder EU-Bürger behält seine nationale Staatsbürgerschaft. Er bekommt von seinem Heimatland Ausweispapiere ausgestellt und ist demnach «Franzose», «Schwede» oder «Lette».

Seit dem Vertrag von Lissabon besitzt jeder EU-Bürger darüber hinaus auch eine «Unionsbürgerschaft». Sie ergänzt die nationale Staatsangehörigkeit. Die Bedingung ist in Artikel 20 des Vertrags ganz einfach so formuliert: «Unionsbürger ist, wer die Staatsangehörigkeit eines Mitgliedsstaats besitzt.»

Alle Unionsbürger haben die im EU-Vertrag festgelegten Rechte und Pflichten. Dazu gehört zum Beispiel, dass sie sich innerhalb der Europäischen Union frei bewegen und aufhalten können. Sie dürfen auch sonst keine Nachteile haben, wenn sie nicht in ihrem ursprünglichen Heimatland, sondern in einem anderen EU-Staat unterwegs sind. Unionsbürger, die nicht in ihrem Heimatland wohnen, dürfen bei den Kommunalwahlen und bei den Wahlen zum Europäischen Parlament an ihrem Wohnort ihre Stimme abgeben.

Hat ein Unionsbürger Probleme im Ausland, kann er sich an alle EU-Botschaften wenden und dort um Hilfe bitten, wenn sein eigenes Land nicht vor Ort vertreten ist.

Abgesehen davon ändert sich praktisch nichts für die Unionsbürger. Es gibt weder einen europäischen Reisepass noch die europäische Staatsangehörigkeit. So weit wollte die Mehrheit der nationalen Regierungen nicht gehen. Schließlich, hieß es damals zur Begründung, sei die Europäische Union ja kein eigenständiger Staat, sondern nur ein Staatenverbund.

43. Was bedeuten die vier Grundfreiheiten in der Europäischen Union? Sie sind die Grundlagen des Europäischen Binnenmarkts: Personenverkehrs-, Warenverkehrs-, Dienstleistungs- und Kapitalverkehrsfreiheit. Was sperrig klingt, bringt den EU-Bürgern im Alltag enorme Vorteile: Menschen, Waren, Dienstleistungen und Geld können in der Europäischen Union frei zirkulieren beziehungsweise bewegt werden ohne Kontrollen oder besondere Kosten. Am 1. Januar 1993 fielen symbolisch die Grenzen zwischen den Mitgliedsstaaten.

Die Personenverkehrsfreiheit bedeutet konkret, dass es keine dauerhaften Grenzkontrollen mehr gibt – egal ob es von Deutschland nach Frankreich oder von Österreich nach Italien geht. Alle EU-Bürger haben das Recht, sich in jedem Land der Europäischen Union aufzuhalten und ihren Wohnsitz frei zu wählen.

Für den reibungslosen Austausch von Waren und Kapital wurden die Zölle innerhalb der Union in den 1960er Jahren schrittweise abgeschafft. Ein Unternehmer kann ohne Hindernisse in einem anderen EU-Land Geld anlegen oder investieren.

Er darf auch seine Produkte in der ganzen Gemeinschaft vermarkten. Dank des Binnenmarkts finden die Deutschen auch französischen und italienischen Käse im Supermarkt zu erschwinglichen Preisen. Beim Import werden keine Zollgebühren mehr fällig. Und auch sonst darf ein Land keine Beschränkungen für Waren aus den anderen Ländern festlegen. Das hat auch der Europäische Gerichtshof mit einigen Grundsatzurteilen bestätigt.

Die wichtigste Entscheidung fiel im Februar 1979: Frankreich hatte damals in Luxemburg geklagt, weil Deutschland den Import des Cassis-Likörs aus Dijon verboten hatte. Der Grund: Der Likör enthielt weniger Alkohol als vom deutschen Gesetz für diese Getränke vorgesehen. Die Richter entschieden: Deutschland muss den Import zulassen. Alle Waren, die in einem EU-Land verkauft werden dürfen, müssen auch in allen anderen zugelassen werden. Dieser Richterspruch wurde zu einem Grundprinzip des Europäischen Binnenmarkts. Die einzige Ausnahme: Beschränkungen sind zugelassen, wenn der Verkauf der Produkte die allgemeine Gesundheit gefährdet. Ein niedriger Alkoholgehalt war dafür als Argument aber nicht geeignet. Der Cassis-Likör kam nach Deutschland.

Bis heute arbeiten die Mitgliedsstaaten weiterhin an der Vollendung des Binnenmarkts, indem sie neue Richtlinien beschließen.

2006 etwa wurde die Dienstleistungsrichtlinie verabschiedet, die seit ihrem Inkrafttreten im Januar 2010 dafür sorgt, dass auch Selbstständige in allen EU-Staaten arbeiten können, wenn sie bestimmte Regeln beachten. Ein deutscher Frisör kann seitdem auch in den Niederlanden oder in Belgien einen Salon eröffnen (→ 57).

In der Praxis ist die Umsetzung dieses Rechts aber noch immer schwierig und voller Tücken. Wer in einem anderen EU-Land arbeiten will, muss sich zunächst von den dortigen Behörden seine Ausbildung anerkennen lassen. Das Verfahren steckt häufig voller bürokratischer Hürden. Will zum Beispiel ein Italiener in Belgien bei einer öffentlichen Verwaltung anfangen, muss er lückenlos dokumentieren, wie viele und welche Fächer er an der Universität besucht hat, und die Dokumente in die Landessprache übersetzen lassen. Eine Prüfungskommission entscheidet dann, ob der italienische Abschluss den belgischen Anforderungen entspricht. Erst dann kann der Italiener tatsächlich die vom Binnenmarkt vorgesehene Freizügigkeit voll ausnutzen (→ 44).

44. Darf ich innerhalb der Europäischen Union arbeiten, wo ich will?

«Armutsflüchtlinge» – ein Begriff, den vor allem der damalige Bundesinnenminister Hans-Peter Friedrich von der CSU prägte. Er meinte damit Einwanderer vor allem aus Rumänien und Bulgarien, die nach Deutschland kommen, um hier vom Sozialsystem zu profitieren. In Scharen, meinte Friedrich zum Jahreswechsel 2013/14 könnten die Ärmsten der Armen in Deutschland einfallen. Schließlich fiel zum 1. Januar 2014 die Beschränkung der Freizügigkeit für Rumänen und Bulgaren. Nach sieben Jahren Warten dürfen nun auch sie überall in der Europäischen Union reisen und arbeiten – so sieht es das EU-Recht vor. Die Wahl des Wohn- und Arbeitsortes gehört zu den Grundprinzipien des europäischen Binnenmarkts und ist in Artikel 45 des Lissabon-Vertrags festgeschrieben: «Innerhalb der Union ist die Freizügigkeit der Arbeitnehmer gewährleistet.» (→ 43)

Das gilt auch für Unternehmer und Selbstständige, die sich ungehindert überall in der Union niederlassen dürfen. Arbeitnehmer dürfen nicht auf Grund ihrer Herkunft diskriminiert werden und sich auf alle Stellen innerhalb der Europäischen Union bewerben. Sie haben auch Anspruch auf Rentenzahlungen. Für diejenigen, die im Laufe ihrer Karriere in mehreren EU-Ländern tätig waren, werden die Ansprüche zusammengerechnet.

Eine Ausnahme sind Stellen im öffentlichen Dienst. Bei der Polizei, im diplomatischen Dienst oder bei den Steuerbehörden dürfen die Mitgliedsstaaten die Ausschreibungen auf Bewerber aus dem eigenen Land beschränken. Auch die EU-Institutionen befolgen diese Regel: Von der Europäischen Kommission werden nur Personen verbeamtet, die die Staatsangehörigkeit eines Mitgliedsstaats haben. In Ausnahmefällen werden auch Bewerber zugelassen, die aus einem Land kommen, das in absehbarer Zeit der Europäischen Union beitreten soll. In den Mitgliedsstaaten sind außerdem Beschränkungen erlaubt, wenn die öffentliche Ordnung, die staatliche Sicherheit oder die Gesundheit der einheimischen Bürger gefährdet sind.

Ein Problem für die mobilen Arbeitskräfte ist nach wie vor die Anerkennung ihrer Berufsqualifikationen. Die müssen sie sich nämlich zunächst in ihrem «Arbeitsland» anerkennen lassen. Und das kann manchmal sehr kompliziert sein. Die Anerkennung wird für alle so genannten «reglementierten» Berufe verlangt, zum Beispiel für Architekten und Rechtsanwälte. Jedes Land hat darüber hinaus seine Besonderheiten: In Deutschland müssen zum Beispiel Bäcker nachweisen, dass ihr Abschluss den deutschen Anforderungen an Bäckermeister entspricht. In Österreich muss das der Frisör tun und in Irland gilt die Regel für Biochemiker. Nur wenn das zuständige Ministerium oder die Handwerkskammer bescheinigt, dass die Ausbildung den einheimischen Standards entspricht, darf der Kandidat tatsächlich eingestellt werden bzw. seinen eigenen Laden aufmachen.

Rumänen und Bulgaren konnten in den vergangenen Jahren noch nicht von der Freizügigkeit profitieren. Seit ihrem Beitritt zur Europäischen Union 2007 haben zahlreiche Mitgliedsstaaten ihren freien Zugang zum Arbeitsmarkt beschränkt – so auch Deutschland. Sie brauchten bis Ende 2013 eine explizite Arbeitserlaubnis. Spanien ging sogar noch einen Schritt weiter. Das Land verbot rumänischen und bulgarischen Arbeitskräften vorübergehend sogar ganz die Einreise.

Die große Flut an Einwanderern kam allerdings nicht – auch nicht nach dem 1. Januar 2014.

Die Busse aus Rumänien und Bulgarien, die in Deutschland, Österreich oder den Niederlanden ankommen, sind seit nach dem Jahreswechsel auch nicht voller als vorher und schon wenige Wochen später war der Begriff «Armutsflüchtlinge» wieder weitgehend aus den Medien verschwunden.

Protest in Paris am 20. April 2011 gegen das Burka-Verbot

45. Warum ist die Burka in einigen EU-Ländern verboten, in anderen nicht? Öffentliche Ordnung und innere Sicherheit sind Hoheitsaufgaben der Nationalstaaten und damit für die Europäische Union tabu. Dazu gehört auch die Entscheidung, ob ein Land die Burka verbieten will oder nicht. Gegen nationale Gesetze kann die Europäische Kommission nur vorgehen, wenn sie gegen EU-Recht verstoßen. Beim Burka-Verbot ist das nicht der Fall. Deshalb bleibt es jedem Mitgliedsstaat überlassen, den Ganzkörperschleier zu verbieten oder nicht.

Am weitesten geht das Verbot in Frankreich. Dort müssen Frauen, die die Burka im öffentlichen Raum, also auch einfach nur beim Spaziergang auf der Straße, tragen, mit einer Geldstrafe von 150 Euro rechnen oder sie müssen an einem Integrationskurs teilnehmen.

Noch schärfer fallen die Strafen für Männer aus, die Frauen zum Tragen einer Burka zwingen. Sie können zu einem Bußgeld von bis zu 30 000 Euro verurteilt werden. Werden Minderjährige gezwungen, kann sich die Strafe sogar noch verdoppeln.

In Belgien sind die Strafen niedriger. Sie liegen bei rund 140 Euro oder sieben Tagen Gefängnishaft für einen Verstoß.

In Spanien haben bereits einzelne Städte die Burka verboten. Eine landesweite Regelung gibt es aber nicht. In den Niederlanden hat das Kabinett der Mitte-Rechts-Regierung ein solches Verbot des Ganzkörperschleiers bereits 2012 beschlossen; allerdings soll es auf den öffentlichen Dienst, Regierungsgebäude und öffentlichen Nahverkehr beschränkt werden.

In Deutschland liegt die Entscheidung bei den Bundesländern. Die hessische Landesregierung hat im Februar 2011 ein Burka-Verbot im öffentlichen Dienst erlassen. In den übrigen Bundesländern ist der Ganzkörperschleier erlaubt.

46. Warum dauert der Mutterschutz in Deutschland nur 14, in Irland 26 Wochen? Die Europäische Kommission und das Europäische Parlament wollen schon seit Jahren die Regeln für den Mutterschutz in der Europäischen Union verbessern: Die EU-Kommission hat 2008 vorgeschlagen, eine Mindestlänge von 18 Wochen einzuführen. Die EU-Abgeordneten gehen noch weiter. Sie fordern 20 Wochen Babypause. Väter sollen – nach dem Willen der Parlamentarier – Anrecht auf mindestens zwei Wochen Vaterschaftsurlaub bekommen. In dieser Zeit stehen den Eltern voller Lohnausgleich und Kündigungsschutz zu. Außerdem sollen sie nach der Babypause in ihren alten Job oder auf einen ähnlichen Posten mit der gleichen Verantwortung zurückkehren können.

Aber die Mitgliedsstaaten blockieren. Sie wollen sich höchstens auf 16 Wochen einlassen. Die Regierungen befürchten, dass die Verlängerung der Babypause für die Sozialkassen zu teuer wird. Der deutsche Arbeitgeberverband rechnet allein für Deutschland mit Mehrkosten von 1,7 Milliarden Euro im Jahr.

Zurzeit gilt in der Europäischen Union ein Mindeststandard von 14 Wochen. Darauf haben sich die Mitgliedsländer 1992 in der so genannten «Mutterschutzrichtlinie» geeinigt. Die Mitgliedsländer dürfen den Zeitraum nicht verkürzen, wohl aber verlängern. Dies führt zu den unterschiedlichen Regelungen in der Europäischen Union:

Deutschland, Malta und Schweden bilden mit genau 14 Wochen die Schlusslichter in der EU-Statistik. Besonders lange dürfen die jungen Mütter in Irland, Italien, der Tschechischen Republik und der Slowakei zu Hause bleiben. Aber während ihnen in Irland und Italien in dieser Zeit 80 Prozent ihres Lohnes ausgezahlt werden, müssen sie sich in der Slowakei nach Angaben der Europäischen Kommission mit nur 55 Prozent ihres Einkommens zufrieden geben. In einigen Ländern können die Frauen wählen, wie lange sie vor der Geburt arbeiten möchten. In anderen Ländern, wie in Italien, gilt bereits mehrere Wochen vor dem errechneten Geburtstermin ein striktes Arbeitsverbot.

Die Europäische Kommission sucht nach Kompromissmöglichkeiten. Sie hat vorgeschlagen, dass Krankentage auf den Mutterschutz angerechnet werden können. Das würde bedeuten: Ist eine werdende Mutter vor der Geburt eine Woche krankgeschrieben, stehen ihr nur noch 19 von 20 Wochen Mutterschutz zu. Aber auch das ist den nationalen Regierungen noch zu viel.

Weil sie den Regelungen auf jeden Fall zustimmen müssen, bleibt die Dauer und die Bezahlung des Mutterschutzes vorerst Glückssache – je nach Heimatland. Und selbst wenn sich ein Kompromiss finden sollte, können die Mitgliedsstaaten immer noch ihre Fristen beibehalten, jedenfalls solange sie über dem EU-Mindeststandard liegen.

47. Wie funktioniert der europäische Haftbefehl? Die ermittelnde Behörde schickt den Haftbefehl an die zuständige Stelle in dem Land, in dem sich der Verdächtige oder Verurteilte aufhält. Der Verdächtige muss festgenommen und kann auch verhört werden. Dann hat die Staatsanwaltschaft 60 Tage Zeit, um über den Auslieferungsantrag zu entscheiden. Er kann abgelehnt werden, wenn die Tat verjährt ist, wenn sie Minderjährige betrifft oder wenn es für den Tatbestand eine Amnestie gibt. Normalerweise überprüft die Staatsanwaltschaft zudem, ob die Straftat auch in ihrem Land verfolgt würde. Nur in 32 besonders schweren Fällen entfällt diese Prüfung. Dazu gehören Vergewaltigung, Erpressung, Fälschung, Menschenhandel, Terrorismus und Entführungen von Flugzeugen oder Schiffen.

Der europäische Haftbefehl hat die Arbeit der Ermittler wesentlich erleichtert. Bis 2004 liefen die Auslieferungsanträge noch über den diplomatischen Weg. Die Bearbeitung dieser so genannten «Bewilligungsanträge» dauerte oft sehr lange und gab den Verdächtigten Gelegenheit zur Flucht. Mit Hilfe des gemeinsamen Haftbefehls geht die Auslieferung in der Regel wesentlich schneller.

In Deutschland mussten die Ermittler zwei Jahre länger auf den europäischen Haftbefehl warten als ihre Kollegen in den übrigen Ländern. Das erste Gesetz dazu hatte das deutsche Bundesverfassungsgericht gekippt. Es griff nach Auffassung der Richter zu stark in das Hoheitsrecht der deutschen Justiz ein. Das Gesetz wurde über-arbeitet, und Deutschland schloss sich 2006 den übrigen EU-Mit-gliedsstaaten an.

Manchmal versagt die gemeinsame Verfolgung von Verbrechen. Im Juli 2011 wurde der Russe Michail Golowatow am Wiener Flug-hafen verhaftet. Die Freude in Litauen war groß. Dort gilt der ehe-malige KGB-Mann als Kriegsverbrecher. Er soll im Januar 1991 in Vilnius die russischen Truppen befehligt haben, die die litauische Unabhängigkeitsbewegung niederschlagen sollten. 14 Menschen wurden dabei getötet und mehrere hundert verletzt. Deshalb suchte die litauische Staatsanwaltschaft Golowatow mit einem europäi-schen Haftbefehl.

Aber die Österreicher ließen ihn nach 24 Stunden wieder frei. Der Tatbestand sei in den vorliegenden Dokumenten von den litaui-schen Behörden nicht ausreichend definiert gewesen, erklärte das österreichische Justizministerium damals. Außerdem sei die Tat vor 2002 begangen worden. Damals gab es den Europäischen Haftbefehl noch nicht.

Golowatow reiste ungehindert zurück nach Russland. Die diplo-matischen Beziehungen zwischen Litauen und Österreich sind seit-dem schwierig. Bei der EU-Justizbehörde Eurojust landeten 2011 über 100 Beschwerden von Ländern, weil die Haftbefehle nicht so ausgeführt wurden, wie eigentlich nach EU-Recht vorgesehen.

Ein anderer prominenter Fall ist der Auslieferungsantrag der schwedischen Justiz an die Briten für den WikiLeaks Gründer Julian Assange. Gegen ihn ermitteln die Schweden wegen sexueller Nöti-gung und Vergewaltigung. Um die Tatumstände genauer zu klären, wollten sie Assange im Winter 2010 befragen und ließen ihn deshalb per Haftbefehl suchen. Als Assange in London auftauchte, wurde er festgenommen. Nach einem monatelangen Berufungsverfahren ent-schied das Gericht dort im November 2011, den WikiLeaks-Chef, wie von den Schweden verlangt, auszuliefern.

Bei deutschen Behörden trafen 2008 rund 1000 Haftbefehle aus anderen EU-Staaten ein. Ein Viertel lehnte die deutsche Justiz ab, weil sie Bagatelldelikte betrafen, für die in Deutschland keine oder nur geringe Gefängnisstrafen vorgesehen sind. Allen anderen wurde stattgegeben. 2009 wurden nach Informationen der Europäischen Kommission insgesamt rund 25 000 europäische Haftbefehle aus-gestellt.

48. Gibt es eine EU-Polizei? Wenn eine Behörde diesen Namen verdient, dann ist es Europol in Den Haag. Nach dem Vorbild von Interpol, der internationalen kriminalpolizeilichen Organisation, gründeten die EU-Mitgliedsländer 1992 ihr eigenes Polizeiamt: Europol. Gefälschte Euronoten machen schließlich nicht an der deutsch-italienischen Grenze halt. Und Kokain aus Kolumbien wird in Spanien genauso verkauft wie in Deutschland oder Belgien. Europol soll solche Zusammenhänge erkennen und den Mitgliedsländern die Suche nach Verdächtigen erleichtern.

Die rund 800 Europol-Angestellten – darunter Grenzschützer, Zollbeamte und Mitglieder der Küstenwache – bearbeiten nach eigenen Angaben jedes Jahr rund 13 500 Fälle. Ähnlich wie bei Eurojust (→ 49) dürfen auch die EU-Polizisten nicht selbst Ermittlungen gegen Verdächtige einleiten. Sie dürfen auf eigene Faust keine Personen festnehmen, keine Häuser durchsuchen oder Dokumente beschlagnahmen. Aber sie können den nationalen Beamten helfen, wenn sie darum gebeten werden.

Nach den Terroranschlägen im Juli 2005 in London reiste sofort ein Europol-Verbindungsmann in die britische Hauptstadt. In Den Haag arbeitete gleichzeitig ein Schichtdienst rund um die Uhr. Die Beamten analysierten die Bekennerschreiben und sorgten dafür, dass ihre Informationen an alle EU-Mitgliedsstaaten weitergegeben wurden.

Die wichtigste Waffe im Kampf gegen Kriminelle und Terroristen ist die Datenbank von Europol. Damit führt die Behörde Buch über gestohlene Gegenstände und verdächtige Personen. Fällt einem Polizisten in Madrid ein Fahrzeug auf, kann er nicht nur in seiner lokalen und nationalen Datenbank nachschauen, ob es sich um ein gestohlenes Auto handelt, sondern auch bei Europol. Aktuelle Fälle wollen die Fahnder nicht veröffentlichen. Aber ein Fall von Menschenhandel aus Italien von 2001 veranschaulicht, wie das System funktioniert: Damals hatten Carabinieri einen Frauenhändlerring entdeckt. Als sie feststellten, dass die Frauen alle aus Osteuropa kamen, haben sie Europol gebeten, Telefonnummern in Ländern der Europäischen Union, in der Ukraine und in Moldawien abzugleichen. Innerhalb von neun Monaten wurde das ganze Netzwerk aufgedeckt – dank der ausgetauschten Daten über Europol. Über 80 Personen wurden festgenommen.

Die Schwerpunkte der EU-Polizei haben sich seit den Anfängen erheblich verschoben: Begonnen hat Europol in den 1990er Jahren mit dem Kampf gegen Drogenhandel. 100 Tonnen Heroin kommen nach den Schätzungen der EU-Polizisten jedes Jahr in die Europäische Union. Nur acht bis 15 werden sichergestellt.

Mittlerweile ist der Drogenhandel nur ein Bereich von vielen. Die Terrorismusbekämpfung ist seit den Anschlägen vom 11. September 2001 immer wichtiger geworden. Auch die Ermittlungen gegen Menschenhandel und Kinderpornografie haben zugenommen. Im Februar 2010 konnte die deutsche Polizei fünf Personen festnehmen, die regelmäßig illegale Einwanderer gegen Geld nach Frankreich und Großbritannien einschleusten. Europol hatte für den Datenaustausch zwischen den beteiligten Ländern gesorgt und die Zugriffe koordiniert.

Europol kümmert sich aber auch um Erpressung wie zum Beispiel gegen den schwedischen Möbelkonzern IKEA. Die Erpresser hatten in mehreren EU-Staaten Sprengsätze in IKEA-Geschäften gezündet. Europol übernahm die Organisation der europaweiten Fahndung nach den Verdächtigen und im Oktober 2011 konnten die mutmaßlichen Täter in Polen festgenommen werden.

Die Europäische Union gibt für ihre Polizei rund 82 Millionen Euro im Jahr aus.

49. Was ist Eurojust? Die Behörde in Den Haag ist eine typische EU-Schöpfung: nichts Halbes und nichts Ganzes. Eigentlich soll Eurojust seit 2002 als eine Art europäische Staatsanwaltschaft die EU-weite Verfolgung von Straftaten erleichtern. Dabei geht es vor allem um Wirtschaftskriminalität wie Produktpiraterie, Geldwäsche, Drogenhandel oder Betrug mit EU-Subventionen. Die Behörde verfolgt auch Menschenhandel und Kinderpornografie.

Dass eine gemeinsame Ermittlungsbehörde dringend notwendig ist, belegen die Zahlen: Mehrere hundert Millionen Euro gingen dem EU-Haushalt auf Grund von Betrügereien in den vergangenen Jahren verloren. Aber so schlagkräftig, wie Eurojust sein könnte und müsste, ist es nicht, weil die Mitgliedsländer nicht bereit sind, nationale Kompetenzen abzugeben und eine vollwertige europäische Staatsanwaltschaft einzurichten.

Deshalb bleibt Eurojust ein (fast) zahnloser Tiger: Die Behörde darf zwar den nationalen Behörden helfen, indem sie zum Beispiel gemeinsame Einsätze von rumänischen und spanischen Ermittlern koordiniert. Aber eigene Ermittlungen dürfen die Eurojust-Mitarbeiter nicht führen.

Dabei hätten sie die Qualifikation. In Den Haag sitzen Richter, Staatsanwälte und hochrangige Polizeibeamte. Rund 1500 Fälle haben sie 2012 bearbeitet. Und es könnten viel mehr sein. Der Handlungsbedarf ist enorm. Die Aufklärungsrate von Vergehen, die den EU-Haushalt betreffen, liegt im EU-Durchschnitt bei gerade einmal 40 Prozent, in einigen Ländern sogar nur bei 14 Prozent. Viele Fälle werden von den nationalen Behörden nicht weiter verfolgt und zu den Akten gelegt. Den EU-Behörden sind die Hände gebunden. Sie müssen dabei zusehen.

Trotz dieser Schwäche kann Eurojust immer wieder Erfolge verbuchen. Im September 2009 koordinierte die Behörde die Ermittlungen gegen eine niederländische Firma. Innerhalb von 24 Stunden wurden zeitgleich in den Niederlanden, in Belgien, Spanien, Großbritannien, in den USA, der Schweiz und in Dubai Häuser durchsucht und Verdächtige festgenommen. Die Firma steht im Verdacht, an Fälschungen und Finanzbetrug beteiligt zu sein.

Im November 2007 haben Polizisten in mehreren europäischen Ländern insgesamt über 90 Kinderschänder festgenommen. Die Aktion war von Eurojust und ihrer Schwesterbehörde Europol koordiniert worden. Die Polizisten konnten in Großbritannien, Spanien, Italien und Frankreich gleichzeitig zuschlagen.

Im Juli 2009 ging den Fahndern eine Bande von Geldfälschern ins Netz. In einer illegalen Druckerei in Bulgarien wurden nach Angaben von Eurojust Euroscheine im Wert von insgesamt 16 Millionen Euro hergestellt. Damals organisierte die Behörde in Den Haag die Zusammenarbeit zwischen spanischen und bulgarischen Ermittlern.

Das funktioniert meist ganz unspektakulär: Benötigt ein Richter oder Staatsanwalt in Deutschland zur Aufklärung eines Falles Amtshilfe von Kollegen, wendet er sich nicht direkt nach Spanien oder Polen. Er kontaktiert den deutschen Fachmann bei Eurojust. Der wiederum geht ein paar Büros weiter, spricht mit seinem spanischen oder polnischen Kollegen, der dann in seinem Heimatland die Organisation übernimmt. Die Ermittler sparen Zeit. Und Hindernisse wie mangelnde Sprachkenntnisse fallen weg. Was bei einem bilateralen Rechtshilfeersuchen ein Jahr dauern kann, klappt bei Eurojust innerhalb weniger Stunden.

Bei besonders vertrackten Fällen holt Eurojust die Juristen aus den Mitgliedsstaaten zu einem gemeinsamen Treffen nach Den Haag. Dort werden dann zeitgleiche Festnahmen und Durchsuchungen beschlossen, die Geldfälscherbanden oder Kinderpornografieringe auffliegen lassen.

Die Europäische Kommission fordert die EU-Mitgliedsstaaten regelmäßig auf, Eurojust mehr Macht zu geben und der Behörde eigene Ermittlungen zu erlauben. Bisher hat sie die Regierungen in den 28 Hauptstädten aber nicht überzeugen können.

50. Wie kann ich mich beschweren, wenn mir etwas an der EU-Politik nicht gefällt? Selten engagieren sich so viele Bürger für Europapolitik wie bei der Bürgerinitiative gegen die von der EU-Kommission geplante Wasserprivatisierung. 1,9 Millionen Menschen haben dagegen unterschrieben – das ist fast doppelt so viel, als es der Vertrag von Lissabon für solch eine Initiative verlangt. Die Bürgerinitiative soll den Menschen die Möglichkeit geben, direkt Gesetzesinitiativen auf den Weg zu bringen oder eben zu verhindern. Dafür braucht man eine Million Unterschriften aus mindestens einem Viertel der Mitgliedsstaaten. Die Wasserversorgung war offenbar den EU-Bürgern dafür wichtig genug.

Auch wenn «Brüssel» den meisten EU-Bürgern weit weg erscheint: Sie haben durchaus Möglichkeiten, direkt Einfluss zu nehmen auf die EU-Politik und können sich bei den Verantwortlichen beschweren.

Die für Bürgerrechte zuständige EU-Kommissarin Viviane Reding bekommt beispielsweise jedes Jahr mehrere hundert Briefe, die sie – so beteuert zumindest ihr Pressesprecher – alle beantwortet.

Auch die EU-Abgeordneten bekommen regelmäßig Post von ihren Wählern und kümmern sich um deren Anliegen – wie die Parlamentarier im Deutschen Bundestag auch. Die EU-Parlamentarier können solche Beschwerden sogar an die Europäische Kommission weiterleiten, indem sie eine offizielle Anfrage daraus machen. Die grüne EU-Abgeordnete Rebecca Harms wollte zum Beispiel im Frühsommer 2011 von dem deutschen Energiekommissar Günther Oettinger wissen, warum die Europäische Union den Bau von Stromleitungen in der Ukraine finanziell unterstützt. Über diese Leitungen soll – nach Informationen der Abgeordneten – Ström aus maroden ukrainischen Atomkraftwerken in die Europäische Union geliefert werden. Die

Kommissare sind verpflichtet, zu antworten und ihre Stellungnahmen zu veröffentlichen.

Fühlt sich ein Bürger von einer Vertragsverletzung durch eine EU-Institution direkt betroffen, kann er sich seit 1995 auch beim Bürgerbeauftragten der Europäischen Union beschweren. Der Ombudsmann sitzt in Straßburg und hat 2010 über 2600 solcher Anfragen bearbeitet. An ihn wenden sich zum Beispiel Bürger, denen von den EU-Institutionen wichtige Informationen vorenthalten werden. So musste die europäische Arzneimittelagentur Berichte über Medikamente gegen Fettleibigkeit öffentlich machen, nachdem der Bürgerbeauftragte nach einer Beschwerde darauf gedrängt hatte. In über 50 Prozent der Fälle gelingt es dem Ombudsmann, einen Kompromiss auszuhandeln.

Bei schwerwiegenden Verstößen gegen EU-Recht ist dagegen der Europäische Gerichtshof zuständig. Dort können auch Einzelpersonen klagen (→ 39).

Ob die Europäische Bürgerinitiative gegen die Wasserprivatisierung tatsächlich Erfolg hat, wird sich erst noch zeigen. Im März 2014 sah es so aus, als wolle die EU-Kommission das entsprechende Gesetz verschleppen – sicherlich kein gutes Zeichen für Bürgerbeteiligung in der Europäischen Union.

51. Stimmt es, dass nationalistische und rechtsextreme Parteien immer mehr Erfolg in den EU-Mitgliedsländern haben? Im Winter 2013/14 tourte der niederländische Rechtspopulist Geert Wilders durch Europas Hauptstädte. Der Grund war nicht etwa ein neu entdeckte Liebe zur Europäischen Union – im Gegenteil: Wilders fühlte bei seinen Gesinnungsgenossen in Frankreich, Österreich, Belgien und Griechenland vor, ob es Chancen gibt, nach der Europawahl im Mai gemeinsam eine Fraktion im Europäischen Parlament zu bilden.

Bisher sind die Rechten dort zwar schon mit einigen Sitzen vertreten, haben aber kaum Sichtbarkeit, weil sie es nicht geschafft haben, sich zu einer starken Fraktion zusammenzuschließen. Am rechten Rand des Plenarsaals sitzen unter anderem Jean-Marie Le Pen und seine Tochter Marine vom französischen «Front National». Der bekam bei der Regionalwahl in Frankreich 2009 immerhin schon mal neun Prozent der Stimmen. Und nach Umfragen im Frühjahr 2014 können sich mittlerweile über ein Drittel der Franzosen mit den Ansichten der Rechtspopulisten anfreunden. Bei den Kommunalwahlen fuhren sie erstaunliche Gewinne ein. Das würde bei der Europawahl einen enormen Zuwachs bedeuten. Auch aus anderen Ländern könnten mehr Nationalisten und Rechtspopulisten nach Brüssel kommen. Bei den Nationalratswahlen in Österreich im September 2013 kam die Freiheitliche Partei, die es im Jahr 2000 mit Jörg Haider in die Regierungskoalition geschafft hatte, auf 20 Prozent und war damit drittstärkste Kraft im Land. Auch in Griechenland rechnen viele mit einem Erfolg der Rechtspartei «Goldene Morgenröte», die vor allem von den Folgen der Eurokrise im Land profitieren könnte. Und in Finnland haben im April 2011 die «wahren Finnen» 19 Prozent der Wählerstimmen bekommen. In Schweden sitzen die Schwedendemokraten seit 2010 im Reichstag und im flämischen Teil Belgiens ist die N-VA, die die Unabhängigkeit Flanderns von Belgien fordert, bei den Wahlen im Juni 2010 stärkste Kraft geworden. Seitdem hat sie in Umfragen eher noch hinzugewonnen. Alle Parteien zeichnen sich durch teilweise rechtspopulistische Forderungen in Asyl- und Einwanderungsfragen sowie durch ihre skeptische bis ablehnende Haltung zur Europäischen Union aus. Der Niederländer Geert Wilders etwa fordert den Austritt seines Landes aus der EU.

Und auch in Deutschland haben die Parteien am rechten Rand diesmal eine viel größere Chance, Abgeordnete nach Brüssel zu schicken. Zum einen wirbt die im vergangenen Jahr gegründete «Alternative für Deutschland» mit einem klar EU-skeptischen Programm für Wählerstimmen. Bei der Bundestagswahl hat es zwar noch nicht für den Einzug ins Parlament gereicht, aber das könnte sich im Mai 2014 ändern.

Außerdem hat das Bundesverfassungsgericht im Februar 2014 nach der Fünf-Prozent-Hürde auch die Drei-Prozent-Hürde für die Wahlen zum Europäischen Parlament gekippt. Seitdem macht sich auch die NPD Hoffnung, zumindest einen Abgeordneten nach Brüssel schicken zu können.

Wie stark die Rechten nach der Europawahl tatsächlich werden, hängt stark davon ab, ob es ihnen diesmal gelingt, sich gemeinsam zu organisieren. Bisher sind sie an ihren zu stark nationalistisch geprägten Programmen gescheitert. Allianzen waren da kaum möglich, weil jede Partei die Interessen ihres Landes in den Vordergrund gestellt hat. Und kleine Fraktionen oder Gruppen bekommen im Europäischen Parlament weniger Posten, Redezeit und damit weniger Sichtbarkeit. Eine starke Stimme von Rechtsaußen wird es also nur geben, wenn die Parteien zumindest einen Teil ihres Nationalismus aufgeben.

52. Sind die Briten «echte» Europäer? Die Worte von David Cameron waren klar und voller Spott: «Wir wünschen ihnen alles Gute», sagte der britische Premierminister nach dem Abschluss des EU-Gipfels im Dezember 2011 in Brüssel. Er meinte damit die übrigen EU-Staaten, die sich auf eine Änderung der Verträge und damit auf eine strengere Kontrolle der nationalen Haushalte sowie eine engere Zusammenarbeit in finanz- und wirtschaftspolitischen Fragen geeinigt hatten. Viel hielt der Brite davon nicht. Er stimmte dem neuen Vertrag nicht zu, schließlich sei der nicht im Interesse seines Landes.

Wieder einmal hat Großbritannien sich für einen Sonderweg in der Europäischen Union entschieden. Cameron wollte von den übrigen EU-Staaten als «Entschädigung» für die Vertragsänderungen Ausnahmeregeln für die Londoner Finanzwirtschaft. Als er die nicht bekam, legte er sein Veto ein.

Die Briten wollen ihre Sonderrolle in Europa nicht aufgeben. Zwar trat Großbritannien 1973 dem neuen Staatenbund bei, aber von Anfang an stritt die Londoner Regierung für Ausnahmen und Sonderregeln. Die «Eiserne Lady», Margaret Thatcher landete 1984 den größten Coup: Bei den Finanzverhandlungen im französischen Fontainebleau erreichte sie den so genannten «Briten-Rabatt». Seitdem übernehmen die übrigen Netto-Zahler, also diejenigen Länder, die mehr Geld in den EU-Haushalt einzahlen, als sie an Subventionen zurückbekommen, zwei Drittel des eigentlichen britischen Beitrags. Derzeit beziffert sich dieser Rabatt auf jährlich rund fünf Milliarden Euro. Pro Kopf gerechnet trägt jeder Deutsche doppelt so viel zum EU-Haushalt bei wie jeder Brite. In den 80er Jahren wurde der Nachlass damit begründet, dass die Briten im Vergleich zu den anderen großen Ländern ärmer waren und dass sie weniger von den umfangreichen Agrarsubventionen profitierten als zum Beispiel Frankreich oder Deutschland. Beides ist heute nicht mehr der Fall. Aber der Rabatt ist geblieben.

Auch aus anderen europäischen Projekten, wie dem Schengener Abkommen oder der Gemeinschaftswährung, halten sich die Briten raus. Sie sträuben sich dagegen, mehr Kompetenzen nach Brüssel abzugeben. Sie wollen zwar vom gemeinsamen Wirtschaftsraum profitieren, dafür aber keinesfalls ihre Souveränität aufgeben.

Bisher sind die Briten damit immer durchgekommen. Die übrigen Mitgliedsstaaten akzeptierten ihre Forderungen und Ausnahmeregeln. Nachteile sind London dadurch nie entstanden. Beim Gipfel im Dezember 2011 setzten die Briten zum ersten Mal ihren Kopf nicht durch und konnten nicht verhindern, dass die übrigen Staaten ohne sie enger zusammenarbeiten. Das heißt: Sie haben bei den neuen Regeln auch keinerlei Mitspracherecht mehr. David Cameron hat nun für 2017 ein Referendum angekündigt. Dann sollen die Briten darüber entscheiden, ob ihr Land EU-Mitglied bleiben soll oder nicht. Es wäre das erste Mal in der Geschichte der EU, dass ein Land wieder austritt.

53. Warum verhindert die Europäische Union nicht die Ausbreitung von Seuchen und Krankheiten wie der Schweinegrippe oder Ehec?

Im Mai 2011 machte sich Angst breit in der Europäischen Union. Das Ehec-Virus breitete sich aus und forderte innerhalb weniger Wochen in Europa fast 50 Todesopfer. Knapp 4000 Menschen infizierten sich.

Wochenlang war nicht klar, woher der tödliche Erreger kam, bis die Europäische Behörde für Lebensmittelsicherheit (EFSA) in Parma den entscheidenden Tipp gab: Die Experten dort hatten Daten ihrer Partnerorganisation, des Zentrums zur Prävention und Kontrolle von Krankheiten in Stockholm, ausgewertet und konnten so einen Zusammenhang zwischen Erkrankungen in Deutschland und Frankreich herstellen: In beiden Fällen waren Bockshornkleesamen aus Ägypten im Spiel. Die deutschen Behörden entdeckten mit Hilfe dieser Hinweise endlich die Ursache für die gefährliche Darminfektion. Die Europäische Kommission verhängte daraufhin ein Einfuhrverbot für sämtliche ägyptischen Sprossen und Samen.

Die EU-Behörden können die Mitgliedsstaaten bei der Gefahr von Seuchen oder Epidemien unterstützen. Die Hauptverantwortung liegt aber bei den Ländern selbst.

Die Europäische Kommission sorgt vor allem für einen schnellen Informationsaustausch und kann Schutzmaßnahmen treffen. Sobald sich in einem Land Krankheitsfälle häufen, aktiviert die Regierung das Europäische Frühwarnsystem und informiert so alle 28 EU-Mitglieder.

Auch bei der Aufarbeitung von Seuchen hilft die Europäische Union. Weil die deutschen Wissenschaftler zeitweise davon ausgegangen waren, dass die gefährlichen E-Coli-Bakterien in spanischen Gurken steckten, brach das Geschäft der europäischen Gemüsebauern zusammen. Russland verbot sogar den Import von europäischem Gemüse. Eine Delegation der EU-Kommission reiste daraufhin nach Moskau und erreichte mit ihren Verhandlungen schließlich die Aufhebung des Importstopps.

Gleichzeitig einigten sich die EU-Landwirtschaftsminister darauf, den europäischen Gemüsebauern mit 227 Millionen Euro zu helfen. Die deutschen Bauern bekamen davon etwa 16 Millionen Euro.

Um Epidemien wie Ehec in Zukunft zu vermeiden, hat die Europäische Kommission darüber hinaus zwölf Millionen Euro für die Erforschung solcher Krankheiten zur Verfügung gestellt.

Der Brüsseler Behörde gehen diese Maßnahmen aber noch nicht weit genug. Die Kommission will die Seuchenbekämpfung weiter europäisieren. Sie schlug im Dezember 2011 unter anderem vor, Impfstoffe für Krankheiten wie die Schweinegrippe in Zukunft zentral einzukaufen, um eine schnellere Lieferung zu ermöglichen und bessere Preise zu erzielen.

54. Kann ich mit meinem Hund problemlos durch die Europäische Union reisen? EU-Bürger müssen sich an den Grenzen innerhalb der Europäischen Union nicht mehr ausweisen. Aber ihre Tiere dürfen nur mitreisen, wenn sie einen Heimtierausweis mitführen. Dort wird vermerkt, welche Impfungen das Tier hat. Ein Hund darf nur von einem Land ins andere wechseln, wenn er gegen Tollwut geimpft ist. Zum Identitätsnachweis muss das Tier mit einem Mikrochip markiert sein. Eine einfache Tätowierung im Ohr reicht nicht mehr aus. Diese Regeln sind seit 2004 gültig.

Kompliziert werden die Reisen für Hund und Katz, weil nicht alle EU-Länder die gleichen Anforderungen an die Tollwutimpfung stellen. In 23 von 28 Staaten wird die Impfung akzeptiert, wenn sie mindestens 21 Tage vor Reisebeginn gegeben worden ist. Wollen Herrchen oder Frauchen den Hund mit nach Großbritannien, Irland, Malta oder Schweden nehmen, müssen sie mit einer Blutuntersuchung nachweisen, dass die Impfung auch tatsächlich angeschlagen hat. Die Länder geben dafür verschiedene Zeiträume an. Außerdem verlangen Großbritannien und Malta zusätzlich den Nachweis einer Bandwurmbehandlung. Erst wenn diese Hürden überwunden sind, steht der Reise nichts mehr im Weg.

Für einige Hundetypen ist die Reisefreiheit darüber hinaus beschränkt. Dänemark, Frankreich, die Niederlande, Ungarn und Großbritannien verbieten die Einreise von Kampfhunden wie Pitbull-Terriern.

Im Zielland angekommen, sind ebenfalls einige Regeln zu beachten: In Belgien, den Niederlanden, Dänemark und Kroatien herrscht zumindest laut Gesetz allgemeine Leinenpflicht für Hunde. In Portugal sind Hunde grundsätzlich in Restaurants und an Stränden verboten.

55. Was verbirgt sich hinter dem Bologna-Prozess? Als die damalige Präsidentin der deutschen Hochschulrektorenkonferenz Margret Wintermantel im Januar 2009 zum Neujahrsempfang des Europäischen Universitätsverbands nach Brüssel kam, musste sie sich unangenehmen Fragen stellen. Ihre Kollegen wollten von der Professorin wissen, warum Studierende in Deutschland wochenlang Hörsäle blockierten und damit gegen den Bologna-Prozess protestierten. «Wir sind das Hackfleisch der Bolognese» war einer der Lieblingssprüche der Studierenden. So viel Ablehnung für den Bologna-Prozess, der ihnen das Leben doch eigentlich einfacher machen sollte.

1999 einigten sich 29 europäische Staaten in der norditalienischen Stadt auf einen Fahrplan, um die Studiengänge in ganz Europa zu vereinheitlichen. Das Ziel: Die Mobilität der Studierenden fördern, Auslandsaufenthalte vereinfachen. Mittlerweile haben sich 47 Staaten dem Bologna-Prozess angeschlossen, darunter alle 28 EU-Länder, aber auch Länder wie Kasachstan, Georgien, die Türkei und Island.

Gemeinsam haben sie ihre bisherigen Studiengänge reformiert. In Deutschland wurden aus vier- bis fünfjährigen Diplom- oder Magisterstudiengängen dreijährige Bachelor-Kurse. Wer dieses Studium erfolgreich abschließt, kann ein ein- bis zweijähriges Master-Studium anhängen. In allen beteiligten Ländern werden für besuchte Kurse, Referate und Prüfungen Punkte vergeben, die später die Endnote mitbestimmen. Ein deutscher Student kann seine Punkte an deutschen Universitäten sammeln, aber eben auch in Frankreich oder Polen. So sollte es sein.

In Deutschland hat die Umsetzung vehemente Kritik hervorgerufen. Studierende beklagen, dass der Lehrplan zu verschult sei und zu viel Stoff in die kürzere Studienzeit gepresst werde. Außerdem seien viele Kurse überlaufen. Und selbst das Ziel, den Hochschulwechsel zwischen mehreren Ländern zu vereinfachen, sei in vielen Fällen nicht erreicht worden: Weil die Lehrpläne sehr speziell sind, ist es vielen Studierenden nicht möglich, die passenden Kurse an anderen Hochschulen zu finden – nicht einmal innerhalb Deutschlands, geschweige denn im Ausland. Wechseln sie dennoch für ein Semester die Universität, verlieren sie oft wertvolle Zeit.

Das Beispiel Norwegen zeigt, dass es auch anders geht. Dort gab es bei der Umsetzung der Bologna-Vorgaben keine Probleme. Ein Schlüssel zum Erfolg war, dass die Anzahl der Studienwochen pro Jahr von 26 auf 40 erhöht wurde. Das nimmt während der Semester Druck von den Studierenden.

Im Herbst 2011 schlug die zuständige EU-Kommissarin vor, ein europäisches Ranking für Hochschulen einzuführen. Diese Hitliste soll die Bildungseinrichtungen nicht nur nach ihren Forschungsergebnissen beurteilen – wie das weltweite Shanghai-Ranking –, sondern auch die Qualität der Lehre in die Bewertung einbeziehen.

Das deutsche Centrum für Hochschulentwicklung hat die Federführung für die Erstellung dieses Rankings übernommen. 2014 sollen 500 Bildungseinrichtungen zum ersten Mal beurteilt werden.

Politik

56. Wie entsteht ein EU-Gesetz? Auf europäischer Ebene gibt es zwei verschiedene Gesetzestypen: Richtlinien und Verordnungen. Während eine Verordnung direkt wie ein nationales Gesetz verbindliche Regeln vorgibt, die in allen Mitgliedsstaaten gelten, legt eine Richtlinie nur einen Zeitrahmen und Ziele fest. Es bleibt dann den einzelnen Ländern überlassen, die Richtlinie in nationales Recht umzusetzen. Sprich: Das Ziel ist das gleiche, der Weg dorthin unterschiedlich.

So werden die unterschiedlichen Ausgangssituationen in den Mitgliedsstaaten berücksichtigt. Ein Beispiel ist die Fauna-Flora-Habitat-Richtlinie von 1992. Sie legt fest, dass alle EU-Mitgliedsstaaten innerhalb von sechs Jahren Naturschutzgebiete ausweisen müssen, um die Artenvielfalt in der Europäischen Union zu erhalten. Wie die Länder diesen Schutz garantieren, bleibt ihnen überlassen. In Deutschland wurde die Richtlinie 1998 in das Bundesnaturschutzgesetz integriert. Die Europäische Kommission überprüft regelmäßig, ob die Gesetze, für die sich die Mitgliedsstaaten im Einzelnen entschieden haben, tatsächlich geeignet sind, die gemeinsamen europäischen Ziele zu erreichen.

Das Gesetzgebungsverfahren ist für beide Gesetzestypen – Richtlinien und Verordnungen – gleich. Beide werden in Brüssel von den EU-Abgeordneten, der Europäischen Kommission und den Mitgliedsstaaten beschlossen. Am Anfang des Verfahrens steht ein Vorschlag der Europäischen Kommission. Sie hat das Initiativrecht. Erst seit dem Vertrag von Lissabon hat auch das Europäische Parlament ein abgeschwächtes Initiativrecht bekommen und kann die Kommission zumindest auffordern, Gesetzesvorschläge zu machen. Oft kommen die Anregungen für neue Verordnungen übrigens aus der Wirtschaft. So hatte sich in den 1970er Jahren das Bundesland Bayern für die Normierung von Traktorensitzen eingesetzt. Der Grund: Ein einheimisches Unternehmen wollte so seine Sicherheitsbügel EU-weit besser verkaufen.

Seit dem Vertrag von Lissabon gilt in 90 Prozent aller Entscheidungen das so genannte «ordentliche Gesetzgebungsverfahren» (→ 19). Das bedeutet, dass sich das Parlament und die Mitgliedsstaaten gemeinsam auf einen Text einigen müssen. Das Mitentscheidungsverfahren ist langwierig, weil sowohl die Mehrheit der 28 Mitgliedsstaaten als auch die Mehrheit der Europäischen Abgeordneten zustimmen müssen.

Ähnlich wie der Ball in einem Tischtennisspiel wird der Gesetzesentwurf zwischen den Institutionen hin- und hergereicht. Die Kommission legt ihren Vorschlag zunächst dem Rat und dem Parlament zur Beratung vor. Im Parlament wird der Vorschlag zuerst im zuständigen Ausschuss diskutiert. Zurzeit gibt es 20 solcher ständigen Ausschüsse, zum Beispiel für Fragen der Fischereipolitik, Wirtschaft und Währung, Haushalt oder Kultur und Bildung. Der Ausschuss gibt eine entsprechende Empfehlung ans Plenum des Parlaments. Dort wird abgestimmt und dann leitet das Parlament seinen Standpunkt an die Mitgliedsstaaten weiter. Als Verhandlungsführer bestimmen die Abgeordneten einen so genannten «Berichterstatter». Er wird nach Parteizugehörigkeit und Kompetenzen ausgesucht und ist für dieses Dossier bis zum Abschluss des Verfahrens verantwortlich.

Im Rat entscheiden die jeweils zuständigen Minister der Mitgliedsstaaten: der Agrarministerrat in Fragen der Landwirtschaftspolitik, der Innenministerrat, wenn es um Asylfragen oder Datenschutz geht, und so weiter. Die Minister bewerten den Vorschlag des Parlaments. Stimmen sie ihm zu, ist der Rechtsakt erlassen und die Verordnung oder die Richtlinie tritt in allen Mitgliedsländern in Kraft.

Oft versuchen die Institutionen noch während dieser ersten Lesung, ihre Standpunkte informell abzusprechen und einen Kompromiss zu finden. So können ungefähr 30 Prozent aller Verfahren bereits in der ersten Lesung abgeschlossen werden.

Alle anderen gehen in die zweite Lesung: Zunächst legen die Minister einen eigenen Standpunkt fest und geben das Dossier damit zurück ans Parlament. Lehnen die Abgeordneten den so veränderten Rechtsakt ab, ist er gescheitert und die Kommission muss einen ganz neuen Vorschlag erarbeiten. Die Abgeordneten können aber auch ein zweites Mal zusätzliche Änderungsvorschläge machen. Die gibt das Parlament wieder an den Rat zurück. Sind die Mitgliedsstaaten mit den Wünschen der Parlamentarier einverstanden, wird das Gesetz in der zweiten Lesung im Rat verabschiedet und ist damit rechtskräftig. Wollen die Mitgliedsstaaten aber nicht alle Änderungen der Abgeordneten akzeptieren, beginnt die dritte Runde im Gesetzgebungsverfahren: Rat, Kommission und Parlament bilden – ähnlich wie bei Streitigkeiten zwischen dem Bundestag und dem Bundesrat in Deutschland – einen Vermittlungsausschuss. Weil daran Vertreter aus allen drei Institutionen teilnehmen, heißen diese Verhandlungen «Trilog». Der Rat entsendet einen Vertreter aus jedem Mitgliedsland; das Parlament schickt genauso viele Abgeordnete und die Kommission übernimmt eine beratende Funktion.

Innerhalb von sechs Wochen müssen sich die Verhandlungsführer nun auf einen Kompromiss einigen. Sonst gilt das Gesetz als gescheitert. Deshalb wird in Brüssel oft in langen Nachtsitzungen diskutiert und über jedes Komma gestritten. Der Gesetzgebungsprozess kann sich über mehrere Monate hinziehen. Bei der 2007 verabschiedeten Dienstleistungsrichtlinie dauerte der Verhandlungsmarathon sogar über drei Jahre (→ 57).

Die Teilnehmer am Trilog müssen sich während der Verhandlungen ständig rückversichern, dass ihre Positionen von ihren Institutionen mitgetragen werden. Denn Rat und Parlament müssen abschließend dem Kompromiss zustimmen. Erst wenn das geschehen ist, ist die Verordnung oder die Richtlinie rechtskräftig.

57. Warum ist die EU-Dienstleistungsrichtlinie umstritten? Keine Richtlinie hat in den vergangenen Jahren in der Europäischen Union für so viel Aufregung, Unmut und Unverständnis gesorgt wie diese Richtlinie, die der damalige EU-Binnenmarktskommissar Frits Bolkestein im Januar 2004 vorgeschlagen hat. Nüchtern betrachtet erfüllt die Richtlinie nur die Vorgaben der EU-Verträge. Die sichern Selbstständigen und Firmen zu, dass sie ihre Dienstleistungen in allen EU-Staaten anbieten dürfen – ohne bürokratische oder gesetzliche Hindernisse (→ 43).

Die Praxis sah vor der Dienstleistungsrichtlinie anders aus: Weil die Firmen unzählige Genehmigungen einholen mussten, war es für die meisten nicht lukrativ, in andere EU-Staaten zu gehen. Das galt für Frisöre genauso wie für Handwerker. Der Kommissar Bolkestein tat also nur seine Pflicht, als er eine Vereinfachung der Regeln vorschlug.

Aber der Zeitpunkt für die Veröffentlichung der Richtlinie war denkbar ungünstig gewählt: Die EU-Osterweiterung stand im Mai 2004 unmittelbar bevor. In den «alten» Mitgliedsstaaten befürchteten viele, dass mit dieser Vereinfachung und der damit verbundenen Öffnung der Märkte Tausende billige Arbeitskräfte aus Polen, Ungarn oder der Slowakei auf die Arbeitsmärkte nach Westen strömen würden.

Der Kommissar goss zusätzlich Öl ins Feuer: Er hatte in einer flapsigen Bemerkung erklärt, dass er für sein Landhaus in Nordfrankreich keinen Klempner finde und froh sei, wenn dafür ein Pole käme. Daraufhin wurde der polnische Klempner in Frankreich zur Hassfigur und zum Symbol der liberalen Brüsseler Wirtschaftspolitik.

Die Kritik – vor allem der Gewerkschaften – entzündete sich an einem Wort, dem «Herkunftslandprinzip». Bolkestein meinte damit: Für den Erbringer von Dienstleistungen gelten immer die Arbeitsbedingungen und Lohnstandards, die in seinem Heimatland üblich sind. Das heißt, kommt der polnische Klempner nach Frankreich, darf er seine Dienste für in Polen angemessene Preise anbieten, die weit unter den französischen Marktpreisen liegen. Die französischen Gewerkschaften fürchteten ein Lohndumping. Ihre Kollegen in Deutschland, Belgien und den Niederlanden schlossen sich an.

Drei Jahre lang diskutierten die Politiker in Brüssel über die Bolkestein-Richtlinie. Am Ende stand ein Kompromiss: Das Herkunftslandprinzip wurde entschärft. Es steht den Mitgliedsstaaten frei, eigene Tarifregeln anzuwenden, wenn sie Lohndumping befürchten.

Außerdem wurden die Regeln auf Personen beschränkt, die nur kurzfristig in einem anderen Mitgliedsland tätig sind. Werden Handwerker oder Krankenpfleger von ihrer Firma länger entsandt, muss sich der Arbeitgeber an die Regeln halten, die in dem Land gelten, in dem die Dienstleistungen erbracht werden. Einige Bereiche wie Transport, Leiharbeit und Gesundheitswesen wurden ganz aus der Richtlinie gestrichen. Über 200 Änderungsanträge haben die EU-Abgeordneten insgesamt beschlossen. Lohndumping wurde so praktisch ausgeschlossen.

Im Dezember 2009 trat die 33 Seiten lange Richtlinie in Kraft.

Trotz der Änderungen erleichtert die Richtlinie seitdem die Arbeit von Dienstleistern. Alle Mitgliedsstaaten müssen sicherstellen, dass die ausländischen Arbeitskräfte nicht diskriminiert werden. Außerdem mussten sie Stellen einrichten, bei denen Interessierte alle notwendigen Informationen abrufen können, ohne dafür zu zig unterschiedlichen Behörden rennen zu müssen. Das kommt letztendlich allen zugute: den Handwerkern und ihren Kunden, die aus einem größeren Angebot wählen können.

Die Aufregung um die Bolkestein-Richtlinie hat sich gelegt. Aber sie hat ein großes Opfer gefordert: die europäische Verfassung. Der Vorschlag des EU-Kommissars platzte genau in die Diskussionen um den Verfassungsvertrag, über den die Franzosen im Mai 2005 abstimmen mussten. Sie lehnten den Vorschlag ab. Die Umfragen von damals belegen: Die Angst vor dem polnischen Klempner war ein entscheidendes Kriterium für die Wähler (→ 19).

58. Widersprechen Grenzkontrollen innerhalb der Europäischen Union dem Schengener Abkommen? Sie konnten ihr Glück nicht fassen: Hunderte tunesische Flüchtlinge bekamen im April 2011 von den italienischen Behörden plötzlich eine Aufenthalts- und damit Reisegenehmigung, nachdem sie tagelang in Auffanglagern festgehalten worden waren. Plötzlich durften sie Italien verlassen – ganz legal als freie Menschen. Der Schengen-Raum stand ihnen offen. Und sie ließen es sich nicht zweimal sagen: Die Bahnhöfe waren überfüllt, die Züge Richtung Frankreich brechend voll. Dort – in Paris, Marseille oder Lyon – hatten die meisten Flüchtlinge Freunde oder Familie. Nicht einmal für die Fahrkarte wollte der italienische Staat Geld von ihnen haben. Aber die Freude der tunesischen Flüchtlinge währte nicht lange: An der französischen Grenze wurden sie abgefangen und zurückgeschickt. Da war nichts mit Freizügigkeit im Schengen-Raum. Zumindest nicht für sie als Asylbewerber. Die französische Regierung hatte kurzerhand wieder Grenzkontrollen eingeführt, um sich gegen den Flüchtlingsansturm zu wehren.

Eine Welle der Empörung schwappte durch Europa. Denn ständige Kontrollen sind laut dem Schengener Abkommen, das seit 1985 in der Europäischen Union gilt, eigentlich verboten. Das Prinzip lautet: Die Außengrenzen werden so geschützt, dass drinnen keine Grenzen mehr notwendig sind (→ 89). Wenn nun aber ein Mitgliedsland – wie Frankreich – meint, dass die Sicherheit seiner Bürger oder die öffentliche Ordnung gefährdet sind, darf es vorübergehend selbst kontrollieren – allerdings nicht länger als 30 Tage. Außerdem muss die Regierung die übrigen Mitgliedsstaaten informieren.

Die EU-Länder machen regelmäßig von dieser Ausnahme Gebrauch, zum Beispiel bei politischen Großereignissen wie dem G8-Gipfel in Heiligendamm 2007 oder bei Fußball-Europameisterschaften. Norwegen hat im Sommer 2011 kurzfristig Grenzkontrollen eingeführt, nachdem ein Massenmörder 68 junge Menschen auf einer Ferieninsel erschossen hatte. Norwegen wollte so eine Flucht in Nachbarländer verhindern. All das erlaubt das Schengener Abkommen.

Umstritten sind dagegen die Grenzkontrollen, die Frankreich und auch Dänemark eingeführt haben. Beide Regierungen hatten die Abwehr von Flüchtlingen als Grund angegeben, um die Grenzkontrollen langfristig zu verschärfen. Bisher werden im Schengener Abkommen Flüchtlingsströme aber nicht explizit als Grund für Grenzkontrollen akzeptiert. Die Europäische Kommission hat die beiden Länder deshalb gerügt. Aber Strafen gab es keine. Ganz im Gegenteil: Im Mai 2013 beschlossen die EU-Innenminister, dass Mitgliedsstaaten in Zukunft auch dann – zumindest vorübergehend – Grenzkontrollen einführen dürfen, wenn sie einen besonders großen Ansturm von Flüchtlingen befürchten.

59. Kann ein Land aus der Europäischen Union austreten oder hinausgeworfen werden? Die Antwort steht im Vertrag von Lissabon. In Artikel 50 heißt es: «Jeder Mitgliedstaat kann im Einklang mit seinen verfassungsrechtlichen Vorschriften beschließen, aus der Union auszutreten.»

Sollte sich ein Staat dazu entschließen, muss er mit den übrigen Mitgliedern der Europäischen Union die Austrittsbedingungen aushandeln. Anschließend wird ein neuer Vertrag über die zukünftigen Beziehungen geschlossen, dem auch das Europäische Parlament zustimmen muss. Die britische Regierung will die Bevölkerung 2017 in einem Referendum über einen EU-Austritt abstimmen lassen. Dies wäre der erste Austritt in der Geschichte der Gemeinschaft.

Angst vor einem Rausschmiss muss kein Land haben. Als höchste Strafe für ein Land sieht das EU-Recht lediglich einen zeitlich begrenzten Ausschluss vor. Der Rat entscheidet, wie genau solch eine Suspendierung aussehen soll. Er kann beschließen, bestimmte Rechte auszusetzen. Dazu gehören auch die Stimmrechte des Landes im Ministerrat. Die Prozedur bis zu einem solchen Beschluss ist allerdings sehr langwierig und kompliziert. Nur wenn alle übrigen Mitgliedsstaaten einstimmig beschließen, dass das Verhalten eines Landes dauerhaft und trotz Warnung die Werte der Gemeinschaft gefährdet, kann das Ausschlussverfahren eingeleitet werden. Zu diesen Werten zählen die Achtung der Menschenwürde, Freiheit, Demokratie, Gleichheit, Rechtsstaatlichkeit und die Wahrung der Menschenrechte.

Theoretisch kann die Suspendierung einer Mitgliedschaft immer weiter verlängert werden. Allerdings ist auch das noch nicht vorgekommen (→ 65).

60. Schützt die Europäische Union wirklich die Menschenrechte?

«Die Union leistet einen Beitrag zu Frieden, (...) zur Beseitigung der Armut und zum Schutz der Menschenrechte, insbesondere der Rechte des Kindes.» So steht es in Artikel 3 des EU-Vertrags. Darüber hinaus garantiert die Charta der Grundrechte, die dem Vertrag angehängt ist, den Schutz zahlreicher Rechte: Meinungs- und Religionsfreiheit für jeden EU-Bürger, Wahlrecht und eine unabhängige Justiz. Außerdem verbietet die Charta Folter und die Todesstrafe.

Die Wirklichkeit in der Europäischen Union sieht oft anders aus: In Italien werden Homosexuelle auf offener Straße angegriffen. Die Regierung schweigt dazu. In Litauen dürfen Homosexuelle in der Öffentlichkeit nicht über ihre Neigung sprechen. In Ungarn hat die Regierung im Winter 2010 die Pressefreiheit mit einem neuen Mediengesetz erheblich eingeschränkt. Angehörige der Roma werden in mehreren EU-Ländern systematisch diskriminiert. Oft wird ihnen der Zugang zum Gesundheits- und Bildungssystem verwehrt. Großbritannien und Polen erkennen die Grundrechte-Charta erst gar nicht an. Sie haben bei den Verhandlungen 2007 eine Ausnahmeregelung erstritten und sind bei Verstößen gegen die Charta juristisch nicht belangbar. David Cameron hat im März 2014 außerdem den Europäischen Menschengerichtshof zu mehr Zurückhaltung in seinen Urteilen aufgefordert.

Nicht nur einzelne Mitgliedsstaaten verstoßen immer wieder gegen Menschenrechte. Kollektiv beachtet die Europäische Union die universellen Werte nicht mehr, wenn es um den Umgang mit Flüchtlingen geht. Die Europäische Union will vor allem eines: abschrecken. Im Jahr 2010 haben Belgien, Dänemark, Norwegen, die Niederlande, Großbritannien und Schweden Asylbewerber aus dem Irak abgelehnt und in ihr Land zurückgeschickt – trotz gegenteiliger Empfehlungen des UN-Flüchtlingswerks. Sogar während des Bürgerkriegs in Syrien nahmen die EU-Staaten nur zögerlich Flüchtlinge auf. Deutschland begrenzte die Anzahl bis Frühjahr 2014 auf 10 000.

Vor allem in Griechenland und in Italien sind die Zustände in den Auffanglagern für Asylbewerber katastrophal. Die Flüchtlinge werden in Haftzellen zusammengepfercht und bekommen nur unzureichend Lebensmittel. Oft fehlen sanitäre Anlagen. Viele Asylbewerber landen auf der Straße. Im Flüchtlingslager Amygdaleza in der Nähe von Athen sind Minderjährige wie in Gefängniszellen eingesperrt. Sie können nicht zur Schule gehen, sind von ihren Familien getrennt und dürfen die Zellen nur für wenige Stunden am Tag verlassen.

Diese Flüchtlingspolitik schadet der Glaubwürdigkeit der Europäischen Union. Für die Vertreter der Europäischen Union wird es schwieriger, in anderen Staaten auf die Einhaltung der Menschenrechte zu pochen, wenn sich am eigenen Umgang mit den Flüchtlingen nichts ändert (→ 97).

Dabei ist die Europäische Union ein wichtiger Akteur im Kampf für Menschenrechte in der Welt. Ein Mittel, um diese zu schützen, sind die so genannten Assoziierungsabkommen, die die Staatengemeinschaft mit Drittländern in der Nachbarschaft schließt. Vorrangig geht es dabei um Handelsabkommen, die den Warenaustausch erleichtern sollen. Die Europäische Union kann aber im Zuge dessen als Gegenleistung die Einhaltung von Menschenrechten einfordern (→ 33 & 94).

Darüber hinaus fördert die Europäische Union Projekte von Nichtregierungsorganisationen, die sich für Menschenrechte einsetzen. 1,1 Milliarden Euro gab die Union für ihr spezielles «Instrument für Demokratie und Menschenrechte» in der Zeit von 2007 bis 2013 aus. Dazu gehören Kampagnen für ein weltweites Verbot der Todesstrafe genauso wie der Aufbau einer Schule in Bolivien und die Unterstützung eines Projekts für Straßenkinder in der kongolesischen Hauptstadt Kinshasa.

Manchmal helfen die EU-Diplomaten auch in ganz konkreten Fällen: Als während der portugiesischen EU-Präsidentschaft im Herbst 2007 ein 17-jähriger Jordanier zum Tode verurteilt werden sollte, griff die EU-Präsidentschaft ein. Innerhalb eines Tages war der Jugendliche wieder frei.

61. Gibt es eine europäische Energiepolitik?

Als die deutsche Bundesregierung im Frühjahr 2011 den Ausstieg aus der Atomenergie verkündete, reagierten einige EU-Mitgliedsstaaten unverhohlen verärgert. Vor allem aus dem atomfreundlichen Nachbarland Frankreich kam heftige Kritik. Schließlich seien die Folgen des Ausstiegs nicht allein national, sondern sehr wohl europäisch, erklärte der französische Energie- und Industrieminister Eric Besson bei einem Treffen mit seinen Kollegen in Brüssel. Er hätte sich wenigstens gewünscht, so der französische Minister, von den Deutschen vor der Entscheidung informiert zu werden.

Denn die Zeiten, in denen sich ein Land einfach von den europäischen Nachbarn lossagen kann, sind vorbei. Die Stromversorgung ist EU-weit vernetzt. Die Strompreise entwickeln sich seit der Einrichtung der europäischen Strombörse in Leipzig in allen Ländern praktisch parallel. Als Deutschland nach der Katastrophe in Japan kurzerhand die acht ältesten Kernkraftwerke abschaltete, schoss der Strompreis in Leipzig sofort um rund zehn Prozent nach oben. Darunter litten nicht nur die deutschen Unternehmen und deren Kunden, sondern eben auch die in den europäischen Nachbarländern. Es ist im Interesse der Mitgliedsländer, sich auf gemeinsame Grundregeln in der Energieversorgung zu einigen. Dazu gehört auch, gemeinsam Abkommen mit Drittstaaten über die Lieferung von Gas und Öl nach Europa zu schließen.

Bisher kann aber jeder EU-Mitgliedsstaat eigenmächtig über seinen Energiemix entscheiden. Die Europäische Union hat in diesem Bereich keine Entscheidungsbefugnis. So haben es die Mitgliedsstaaten in den Verträgen festgelegt. Zur Begründung heißt es, dass die Voraussetzungen in den einzelnen Ländern zu unterschiedlich seien.

In Polen etwa gibt es große Kohlevorkommen. In Skandinavien dagegen kann verhältnismäßig viel Energie mit Wasserkraft produziert werden. Andere Länder verfügen nicht über solche Ressourcen.

Doch trotz dieser nationalen Regelungen kann die Europäische Kommission an einigen Stellen sehr wohl in die Energiepolitik eingreifen – nämlich wenn es um den Klimaschutz geht. Die Mitgliedsländer haben sich 2007 auf gemeinsame Klimaschutzziele geeinigt, und die Europäische Kommission kann nun Richtlinien vorschlagen, um diese Ziele zu erreichen: Bis 2020 wollen die EU-Staaten den CO_2-Ausstoß um 20 Prozent reduzieren, den Anteil der erneuerbaren Energien am Gesamtverbrauch auf 20 Prozent steigern und gleichzeitig den Energieverbrauch um 20 Prozent senken (→ 8).

Auch für die Zeit nach 2020 wollen die EU-Mitgliedsstaaten wieder Energie- und Klimaziele vereinbaren. Wie ambitioniert die ausfallen, war bis Ende März aber noch unklar (→ 8).

Direkt in die Energiepolitik einmischen kann sich die EU-Kommission allerdings über das Wettbewerbsrecht. So verklagte der zuständige Kommissar Joaquín Almunia im Winter 2013/2014 die deutsche Bundesregierung wegen des Erneuerbare-Energien-Gesetzes. Brüssel waren die Ausnahmen für zahlreiche Unternehmen ein Dorn im Auge. Diese würden den Wettbewerb mit anderen Firmen aus anderen Ländern verzerren. Um Geldstrafen zu vermeiden, verhandelte daraufhin der deutsche Wirtschaftsminister Sigmar Gabriel mit Almunia über eine Reduzierung der Ausnahmen.

62. Warum gibt es keinen EU-weiten Mindestlohn? Lohnpolitik ist Sache der Mitgliedsstaaten. Die Europäische Union darf den nationalen Regierungen nicht dazwischenreden. Deshalb kann jedes Land selbst entscheiden, ob es einen Mindestlohn einführen will oder nicht.

21 von 28 Ländern haben das bereits getan: 11 Euro und zehn Cent pro Stunde beträgt der Stundenlohn in Luxemburg. In Bulgarien sind es gerade einmal 95 Cent. Italien, Finnland, Österreich, Schweden, Zypern haben noch keinen Mindestlohn eingeführt. In Deutschland gibt es ihn seit 2012 für die Leiharbeiter. Und die große Koalition aus SPD und CDU/CSU hat sich Anfang 2014 darauf verständigt, den Mindestlohn ab 2015 flächendeckend einzuführen. Dann soll eine Arbeitsstunde mindestens 8,50 Euro wert sein.

Dass der Mindestlohn in Deutschland kommt, ist den neuen

Mehrheitsverhältnissen in Berlin geschuldet, aber auch dem massiven Druck aus den europäischen Nachbarländern. Seit 2010 haben vor allem die Regierungen von Frankreich und Belgien gemeinsam an Deutschland appelliert, seine damalige Blockadehaltung aufzugeben.

Denn der fehlende Mindestlohn führt bisher zu erheblichen Ungleichheiten innerhalb der Europäischen Union. Besonders deutlich wird das in der Fleischindustrie. In deutschen Schlachtbetrieben sind nach Angaben der Europäischen Gewerkschaft für Lebensmittel, Landwirtschaft und Tourismus Stundenlöhne von drei bis fünf Euro durchaus keine Seltenheit. Gezahlt wird der Hungerlohn meist an Werksarbeiter von Firmen aus Polen, Rumänien oder Ungarn. Diese sind von den üblichen Tarifabschlüssen der deutschen Gewerkschaften ausgenommen. Ihre Löhne sind noch niedriger als die der deutschen Arbeitnehmer.

Im Nachbarland Belgien müssen die Schlachthöfe und Fleischereibetriebe dagegen den landesüblichen Mindestlohn von 8,58 Euro die Stunde zahlen. Das hat erhebliche Wettbewerbsnachteile zur Folge. Ein Schwein in Belgien zu schlachten ist rund acht Euro teurer als in Deutschland. Deshalb begrüßen die Nachbarländer den deutschen Mindestlohn.

Auf keinen Fall wird es einen EU-einheitlichen Mindestlohn geben. Dazu sind die Lebenshaltungskosten in den Mitgliedsstaaten zu unterschiedlich. Die Gewerkschaften schlagen vor, den Mindestlohn an die nationalen Durchschnittseinkommen anzupassen. In allen EU-Ländern würde er dann 60 Prozent dieses jeweiligen Durchschnitts betragen.

63. Was hat die Europäische Union mit Butterbergen und Milchseen zu tun? Im Dezember freuten sich die deutschen Hausfrauen Anfang der 1980er Jahre regelmäßig über ein vorweihnachtliches Geschenk vom Staat: Die 250-Gramm-Packung Butter wurde plötzlich um bis zu 70 Pfennig billiger. Vier solcher Pakete durfte jede Kundin für ihre Familie mit nach Hause nehmen – gerade richtig für die Weihnachtsbäckerei.

Was für die deutschen Familien ein willkommenes Geschenk war, bereitete den EU-Politikern Kopfzerbrechen: In der Europäischen Union gab es einfach zu viele Lebensmittel. In riesigen Kühlhallen lagerte die Gemeinschaft Mitte der 1980er Jahre mehr als eine Million Tonnen Lebensmittel – vor allem Butter und Magermilchpulver. Regelmäßig mussten die Vorräte vernichtet werden. Um diese Masse zu verringern, gab es vom deutschen Staat die Weihnachtsbutter.

Die europäischen Bauern produzierten einfach zu viel. Das war keine falsche Kalkulation ihrerseits, sondern politisch gewollt und für die Bauern höchst lukrativ: Sie bekamen aus dem Topf der Europäischen Landwirtschaftspolitik für jedes Getreidekorn und jeden Liter Milch Geld. Je mehr sie produzierten, umso mehr Zuschüsse flossen.

Was heute wie eine große Geldverschwendung klingt, war bei der Gründung der Europäischen Wirtschaftsgemeinschaft Ende der 1950er Jahre schlichte Notwendigkeit. Den Politikern saß die Erinnerung an die Lebensmittelknappheit während und kurz nach den beiden Weltkriegen im Nacken. Sie wollten ein für allemal Hungerkatastrophen in Europa verhindern. Dafür musste die landwirtschaftliche Produktion gesteigert werden. Und deshalb bekamen die Bauern für jeden Liter Milch mehr auch mehr Geld. Den Bauern wurden Mindestpreise garantiert, die auf oder gar über Weltmarktniveau lagen. Dass ein Landwirt seine Produkte nicht verkaufen konnte, war ausgeschlossen. Wollte sie sonst keiner haben, nahm sie eben die Europäische Gemeinschaft in die Lagerhallen und stapelte sie zu riesigen Bergen aus Butter und Milchpulver.

Die Rechnung ging auf: Schon Anfang der 1970er Jahre wurde in den Mitgliedsstaaten der Bedarf an den meisten Grundnahrungsmitteln durch eigene Erzeugnisse gedeckt. Mehr noch: Es wurde zu viel produziert. Die gemeinsame Landwirtschaftspolitik führte zu einer kostspieligen Überproduktion. 1984 gingen 69 Prozent des gesamten EU-Haushalts in die gemeinsame Landwirtschaftspolitik; für die Unterstützung der Bauern und für die Lagerung ihrer Produkte.

Die Europäische Union hat seitdem mehrere Reformen der Landwirtschaftspolitik durchgeführt, um die Butterberge und Milchseen abzubauen. Bereits 1984 wurde eine Quote für die Milchproduktion eingeführt. Die festen Preise wurden nur noch für eine bestimmte Menge an Milch garantiert. Mit Reformen 1992, 1999, 2003 und 2013 wurde die gemeinsame Landwirtschaftspolitik Schritt für Schritt umgebaut. Die Bauern bekommen heute die Unterstützung kaum noch für ihre tatsächliche Produktion. Vielmehr werden Qualität und Umweltschutz belohnt. Auch die Pflege des ländlichen Raumes wird von der Europäischen Union mitbezahlt. Während ein Bauer früher pro Kuh und Quadratmeter Ackerland entlohnt wurde, bekommt er heute Zuschüsse, wenn er umweltverträglich produziert und einige seiner Flächen für Hecken und wilde Wiesen frei lässt. Gleichzeitig wurden die Subventionen insgesamt immer weiter zurückgefahren. Die Ausgaben für die Landwirtschaftspolitik sanken mittlerweile auf knapp 40 Prozent. 2014 werden noch 55 Millionen Euro dafür ausgegeben. 2020 werden es nur noch rund 50 Millionen sein. Umweltschutz soll noch stärker belohnt werden, zum Beispiel ein Wechsel in der Fruchtfolge. Allerdings bekommt noch immer die Agro-Industrie die meisten Subventionen. Deshalb hoffen viele Landwirte mit kleineren Höfen auf eine weitere Agrarreform.

Die Butterberge sind unterdessen vollständig verschwunden. Ende 2013 waren die EU-Hallen leer geräumt.

64. Macht die Europäische Union nur gute Gesetze? Auf der europäischen Ebene sind mehr Kontrollstellen eingebaut als auf nationaler. Damit in der gesamten Europäischen Union ein Gesetz verabschiedet wird, muss nicht nur die Mehrheit der Mitgliedsstaaten einverstanden sein, sondern auch die Mehrheit der EU-Abgeordneten.

Trotzdem gibt es Richtlinien und Verordnungen, die im Nachhinein eher für Unmut als für Erleichterung bei den Bürgern sorgen. Ein Beispiel dafür ist das Verbot der Glühbirne, das seit dem 1. September 2011 alle bis dahin üblichen 60-Watt-Leuchten aus den Regalen im Elektromarkt verbannte. Seitdem sind in der gesamten Europäischen Union nur noch Energiesparlampen erlaubt.

Diesem radikalen Schritt hatten drei Jahre zuvor die EU-Parlamentarier und die Mitgliedsstaaten gleichermaßen zugestimmt. So wollten sie die gemeinsam gesteckten Ziele in Sachen Energiesparen erreichen (→ 8).

Nach dem Verbotsbeschluss wurde bekannt, dass in den Energiesparlampen Quecksilber steckt. Das wird besonders dann gefährlich, wenn Lampen in Wohnräumen zu Bruch gehen. Messungen des Umweltbundesamts belegen, dass die Quecksilberbelastung in der Luft nach einem Lampenbruch bis zum 20-Fachen über dem erlaubten Richtwert liegt. Das ist wahrlich kein gutes Zeugnis für die Energiesparlampen. Und weil viele Verbraucher die Lampen einfach in den

Müll werfen, gelangt das Quecksilber dann auch in die Umwelt. Zurückgenommen hat die Europäische Kommission das Verbot trotzdem nicht.

In anderen Fällen ist die Behörde lernfähig. Der damals für Bürokratieabbau zuständige EU-Kommissar Günter Verheugen hat in seiner Amtszeit zwischen 2004 und 2009 zahlreiche Gesetzesvorschläge der EU-Kommission überprüfen und teilweise wieder zurückziehen lassen. Dazu gehören Teile der so genannten Sonnenschein-Richtlinie. Die sollte verbieten, dass Bauarbeiter bei Sonnenschein oben ohne arbeiten und dass Kellnerinnen Dirndl mit großzügigem Ausschnitt tragen dürfen. Blödsinn, entschied Verheugen und kippte diese Teile der Richtlinie kurzerhand gemeinsam mit dem Europäischen Parlament.

Nicht immer fällt die Beurteilung der europäischen Vorgaben so eindeutig aus.

Während Klimaschützern die Klimaschutzziele der Union nicht weit genug gehen, halten Vertreter der Industrie sie für zu streng. Verbraucherschützer wünschen sich eine sichtbarere und eindeutigere Kennzeichnung von Lebensmitteln. Die Hersteller fürchten dagegen einen zu großen, teuren Aufwand bei der Etikettierung. Was gut und was schlecht ist, bleibt subjektive Beurteilung.

65. Wie kann die Europäische Union ein Land als Mitglied akzeptieren, das von einer Partei mit faschistischen Tendenzen regiert wird? Als der ungarische Premierminister Viktor Orbán im Januar 2011 ins Europäische Parlament kam, um das Programm für seine beginnende EU-Ratspräsidentschaft vorzustellen, musste er seine Rede bereits nach ein paar Minuten unterbrechen. Die Abgeordneten der grünen Fraktion empfingen den Chef der ungarischen Einheitspartei mit verklebten Mündern und Zeitungsseiten, auf die sie in roten Lettern das Wort «zensiert» gedruckt hatten. Die Abgeordneten machten dem ungarischen Premier klar, was sie von dem in Budapest frisch verabschiedeten Mediengesetz hielten: Das Gesetz läutete das Ende der Pressefreiheit in Ungarn ein. Der Informantenschutz wurde abgeschafft. Ein von der Regierung eingesetzter Medienrat überwacht seitdem alle Medien. Über 700 regierungskritische Journalisten wurden innerhalb von wenigen Monaten entlassen.

Nicht nur die Journalisten bekamen Orbáns totalitäre Staatsführung zu spüren: Die Regierung führte eine Art Zwangsarbeit für Sozialhilfeempfänger ein. Nur wer die vom Staat verordnete Beschäftigung – zum Beispiel Unkraut jäten auf staatlichen Grundstücken – erledigt, bekommt seitdem noch seine Sozialhilfe.

Menschenrechte und demokratische Grundwerte zählen nicht mehr viel in Ungarn. Aber außer von den wenigen Abgeordneten im Europäischen Parlament gab es von Seiten der Europäischen Union monatelang kaum eine kritische Reaktion. Viktor Orbán konnte seine sechsmonatige Amtszeit als Ratsvorsitzender der Europäischen Union weitgehend unbehelligt absolvieren.

Die übrigen damals 26 Staats- und Regierungschefs empfingen ihn freundlich in Brüssel. Auf den «Familienfotos» von den gemeinsamen Treffen steht er selbstverständlich in deren Mitte. Die deutsche Bundeskanzlerin begrüßte Orbán mit militärischen Ehren in Berlin. Kein Wort über die nationalistischen Umwälzungen in Ungarn.

Die Europäische Kommission, die als Hüterin des EU-Rechts gilt, hat das ungarische Mediengesetz von ihren Juristen prüfen lassen. Die kamen zu dem Schluss, dass nur Details gegen EU-Recht verstoßen. Die Ungarn mussten zum Beispiel ausländische Medien, die in Ungarn gehört, gesehen oder gelesen werden, von dem Gesetz ausnehmen. Außerdem haben Internetmedien mehr Freiheiten bekommen.

Mehr, so hieß es dann aus Brüssel, könne die Europäische Kommission aber nicht tun gegen den Wandel in Budapest. Es gäbe, erklärte der Sprecher von EU-Kommissarin Viviane Reding, die auch für Grundrechte zuständig ist, kein Mediengesetz für die Europäische Union. Deshalb habe die EU-Kommission in diesem Bereich keine Möglichkeiten, Ungarn zu belangen oder gar vor dem Europäischen Gerichtshof zu verklagen.

Erst als die ungarische Regierung Ende 2011 auch die Unabhängigkeit der heimischen Notenbank antastete, kam Bewegung in die Brüsseler Institutionen: Im Januar kündigte die EU-Kommission an, drei Vertragsverletzungsverfahren gegen Ungarn einzuleiten. Die Brüsseler Behörde monierte den Eingriff in die Unabhängigkeit der Zentralbank, die Kontrolle der Datenschutzbeauftragten im Land und ein Gesetz, das dazu führte, dass regimekritische Richter nach und nach aufs Abstellgleis geschoben werden konnten.

Der EU-Kommissionspräsident José Manuel Barroso forderte Orbán auf, die Demokratie in seinem Land wieder herzustellen. Ändert die ungarische Regierung ihre Gesetze nicht und wird vom Europäischen Gerichtshof verurteilt, müsste sie schlimmstenfalls mit Strafzahlungen beziehungsweise damit rechnen, dass ihr weniger Geld aus den EU-Strukturfonds ausgezahlt wird.

Weitergehende Sanktionen sind nach dem EU-Vertrag kaum möglich. Die einzige Einschränkung bringt Artikel sieben im Vertrag von Lissabon. Der besagt, dass einem Mitgliedsstaat, der die gemeinsamen Werte der EU gefährdet, zeitweise die Stimmrechte in den EU-Gremien entzogen werden können. Allerdings sind diese Werte sehr allgemein formuliert. Dazu gehören Rechtsstaatlichkeit, der Schutz der Menschenrechte und Demokratie. Die juristischen Analysen der EU-Kommission haben im Falle Ungarns zumindest vorerst ergeben, dass der Artikel nicht ausreicht, um Sanktionen gegen das Land zu verhängen.

Journalisten, die sich von dem neuen Mediengesetz ungerecht behandelt fühlten, hätten schließlich noch die Möglichkeit, in ihrem Land vor Gericht zu ziehen, heißt es aus der Europäischen Kommission. Erst wenn es solche Möglichkeiten nicht mehr gäbe, würde Artikel sieben greifen.

Dass das bestehende EU-Recht in solchen Fällen versagt, hat auch der Fall Haider in Österreich gezeigt. Als im Jahr 2000 die Konservativen eine Regierungskoalition mit Jörg Haiders rechtsextremer FPÖ bildeten, einigten sich die übrigen EU-Mitgliedsstaaten bilateral – also außerhalb des EU-Rechts – darauf, alle politischen und diplomatischen Beziehungen zur Alpenrepublik vorübergehend einzustellen. Innerhalb der Verträge hatten sie für eine solche Maßnahme keine rechtliche Grundlage gefunden. Nach diesem Fall wurde Artikel sieben zwar leicht verschärft, aber dennoch nie angewendet. Der EU-Kommissionssprecher Matthew Newman meint, dafür bräuchte es schon eine Diktatur in der Europäischen Union.

66. Warum tut die Europäische Union nichts, wenn Frankreich Roma nach Rumänien abschiebt? Es waren starke Worte, mit denen EU-Justiz-Kommissarin Viviane Reding im September 2010 den französischen Präsidenten Nicolas Sarkozy angriff. Sein Umgang mit Angehörigen der Roma-Minderheit sei eine «Schande» und erinnere sie an die Praktiken der Nazis im Zweiten Weltkrieg, erklärte die Kommissarin. Die französische Regierung verstoße mit ihrer Abschiebepraxis eindeutig gegen die EU-Verträge, behauptete die Brüs-

Roma-Familie in der Slowakei

seler Kommissarin. Sie drohte Paris mit einer Klage beim Europäischen Gerichtshof.

Sarkozy hatte zuvor über 8000 Roma, die sich in Frankreich aufhielten, in ihre Herkunftsländer (meist Rumänien und Bulgarien) zurückgeschickt mit der Begründung, sie verstießen mit illegalen Lagern gegen französische Gesetze. Die Pariser Regierung missachte damit die durch EU-Recht garantierte Freizügigkeit für alle EU-Bürger, erklärte die EU-Kommission.

Einen guten Monat später dann die Kehrtwende: Die Brüsseler Behörde hatte plötzlich kein Problem mehr mit der französischen Politik. Viviane Reding wollte von einer Klage nichts mehr wissen und versicherte, Frankreich habe versprochen, seine Gesetze EU-konform zu machen und die rechtswidrige Abschiebepraxis zu beenden.

Nach EU-Recht können EU-Staatsbürger zwar von einem Mitgliedsstaat ausgewiesen werden. Es müssen aber bestimmte Regeln eingehalten werden wie das Widerspruchsrecht. Dies, so verlautete aus Paris, wolle man ab sofort einhalten und die französischen Gesetze dem EU-Recht anpassen. Dieses Versprechen genügte der EU-Kommission. Das französische Parlament verabschiedete im Juni 2011 die geforderten Gesetzesänderungen. Damit war für die Brüsseler Behörde der Fall endgültig geklärt. EU-Abgeordnete vermuten, dass die anderen Mitgliedsstaaten entsprechend Druck auf die Kommission ausgeübt haben, damit diese die französische Regierung nicht rechtlich belangt.

Denn die Menschenrechtsorganisation Human Rights Watch beklagt, dass in Frankreich noch immer regelmäßig Roma diskriminiert und abgeschoben werden. Nach Auffassung der Nichtregierungsorganisation beachtet auch das neue französische Gesetz nicht die Freizügigkeit und lässt noch immer schnelle und rechtswidrige Abschiebungen von Roma zu.

Auch in Deutschland geht die Diskussion über die so genannten «Armutsflüchtlinge» weiter. Im März 2014 legte eine Arbeitsgruppe aus elf Bundesministerien einen Vorschlag vor, der EU-Zuwanderern für eine gewisse Zeit die Wiedereinreise nach Deutschland verwehren will, wenn sie etwa durch Betrug aufgefallen sind. Zudem wollen die Ministerien den Migranten nur eine bestimmte Zeit zur Arbeitssuche zugestehen. Der Grund: Die Angst vor Sozialmissbrauch. Die Zahlen sprechen allerdings dagegen wie das Beispiel Bayern zeigt: Laut Polizeistatistik gab es dort 2012 ganze zehn Missbrauchsfälle durch Rumänen und keinen einzigen von Bulgaren.

67. Müsste es in einer demokratischen Europäischen Union nicht auch europäische Parteien geben?

Wenn die Abgeordneten für das Europäische Parlament gewählt werden, stehen auf den Wahlzetteln der EU-Bürger ganz verschiedene Parteinamen: In Deutschland heißen die beiden größten Parteien Sozialdemokratische Partei (SPD) und Christlich Demokratische Union (CDU). In Frankreich wählen die Bürger die Sozialisten (PS) oder die «Union für eine Volksbewegung» (UMP). In Großbritannien wiederum stehen die «Arbeiterpartei» und die «Konservative Partei» auf den Wahlzetteln.

Die Parteien sind rein national organisiert. Kein Franzose kann für einen deutschen Abgeordneten stimmen. Für die Italiener sind Spanier und Griechen tabu. Jedes Land wählt die Abgeordneten seiner nationalen Parteien und erst anschließend schließen sich die Gewählten je nach politischer Gesinnung zu Fraktionen im EU-Parlament zusammen.

Dabei gibt es bereits seit 1974 europäische Parteien: Als klar war, dass die Bürger 1979 zum ersten Mal ihre Abgeordneten direkt ins Europäische Parlament wählen sollten, gründeten sich drei Europäische Parteien: die «Europäische Volkspartei», zu der die deutsche CDU gehört, der «Bund der Sozialdemokratischen Parteien der Europäischen Gemeinschaft» mit der deutschen SPD und die «Föderation der Liberalen und Demokratischen Parteien in der Europäischen Gemeinschaft», der sich die FDP anschloss.

Lange Zeit hatten diese europäischen Überbauten keinerlei Bedeutung. Es gab kein Statut für die Parteien und sie hatten kaum permanente Strukturen. Dies änderte sich erst 2003. In diesem Jahr verabschiedete das Europäische Parlament eine Parteienverordnung. Seitdem werden die Parteien aus dem EU-Haushalt finanziert und müssen dafür einige Bedingungen erfüllen: Sie müssen in mindestens einem Viertel der Mitgliedsstaaten in Parlamenten vertreten sein oder drei Prozent der Stimmen bekommen haben. Außerdem müssen sich die Mitgliedsorganisationen auf gemeinsame Ziele einigen und die Grundsätze von Demokratie und Rechtsstaatlichkeit achten.

Zurzeit gibt es elf solche europäischen Parteien, die gleichzeitig die Fraktionen im Europäischen Parlament bilden. Da die Fraktionen und die Parteien nicht zwingend den gleichen Namen führen und sich mehrere Parteien zu einer Fraktion zusammenschließen können, entsteht ein europäisches Kuddelmuddel:

Die größte Fraktion stellt die Europäische Volkspartei, ein Zusammenschluss von christdemokratischen und konservativen Parteien. Davon hat sich 2009 die Allianz der Europäischen Konservativen und Reformisten abgespalten, die nun eine eigene Fraktion stellt. Zu ihr gehört auch ein Abgeordneter der Partei «Christliche Politische Bewegung».

Die Fraktion der Sozialdemokratischen Partei Europas heißt im Parlament «Progressive Allianz der Sozialisten und Demokraten». Die Europäische Liberale und Demokratische Reformpartei stellt gemeinsam mit der Europäischen Demokratischen Partei die Fraktion «Allianz der Liberalen und Demokraten für Europa».

Außerdem hat die Europäische Grüne Partei eine Fraktion im Parlament, zu der auch Mitglieder aus der Europäischen Freien Allianz gehören. In dieser Organisation haben sich vor allem Regionalparteien zusammengeschlossen. Dazu gehören zum Beispiel katalanische und galizische Parteien aus Spanien.

Die Mitglieder der Partei der Europäischen Linken sitzen im Parlament in der Konföderalen Fraktion der Vereinigten Europäischen Linken. Dazu hat sich auch ein Abgeordneter der europaskeptischen

EU-Demokraten gesellt, die darüber hinaus nicht im Parlament vertreten sind. Die Abgeordneten der rechtspopulistischen Allianz für Freiheit sitzen ohne Fraktion als Einzelpersonen im Parlament.

Es ist schwierig, da den Überblick zu behalten. Immerhin gibt es dank dieser europäischen Parteien seit den Europawahlen 2009 am Wahlabend eine gemeinsame Veranstaltung im Europäischen Parlament mit europaweiten Hochrechnungen. In den Mitgliedsstaaten wird allerdings weiterhin zunächst nur national gezählt.

Die Bürger können sich deshalb kaum mit den europäischen Themen identifizieren. Die Wahlbeteiligung lag bei der letzten Abstimmung 2009 EU-weit bei gerade einmal 43,1 Prozent. In den Wahlkämpfen spielen noch immer innenpolitische Themen eine größere Rolle als europäische Fragen. Die europäischen Parteien wollen das bei der Europawahl im Mai 2014 ändern. Sie bestimmten deshalb symbolische europäische Spitzenkandidaten. Bei den Sozialdemokraten ging der deutsche Martin Schulz ins Rennen. Die Konservativen schickten Jean-Claude Juncker. Nach dem Willen des EU-Parlaments sind diese Kandidaten gleichzeitig Anwärter auf den Posten des EU-Kommissionspräsidenten nach der Wahl – je nachdem, welche Partei bei der Europawahl die Mehrheit erlangt. So wollen die Parteien eine größere europäische Öffentlichkeit herstellen und die Europapolitik in den Fokus des Wahlkampfes rücken.

Wie genau die Ernennung dann funktionieren soll und ob die Staats- und Regierungschefs, die das eigentliche Ernennungsrecht für den Präsidenten haben, das tatsächlich mitmachen, ist allerdings noch völlig offen.

Finanzen

68. War die Einführung des Euro ein Fehler? Der Euro hat – nach seiner Einführung 1999 als Buchgeld bzw. im Januar 2002 als Bargeld – nicht nur Geschäfte und Reisen zwischen den Euro-Ländern erheblich vereinfacht, sondern auch für ein größeres Zusammengehörigkeitsgefühl in der Europäischen Union gesorgt. Und trotz Eurokrise erscheint die europäische Gemeinschaftswährung vielen Staaten immer noch attraktiv: Anfang 2014 ist Lettland als 18. EU-Staat dem Eurokreis beigetreten.

Aber die Eurokrise, die im Oktober 2009 mit dem Absturz der griechischen Staatsfinanzen begonnen und inzwischen auch Spanien, Portugal, Irland und Italien in finanzielle Schwierigkeiten gebracht hat, zeigt, dass bei der Einführung und der Kontrolle der gemeinsamen Währung erhebliche Fehler gemacht worden sind. Griechenlands Beitritt zur Eurozone im Jahr 2001 bietet dafür ein eindrückliches Beispiel. Das Land hat damals, als es um die Erfüllung der Einführungskriterien ging, falsche Zahlen nach Brüssel gemeldet. Das staatliche Defizit lag in den Jahren 1997 bis 2000 in Wahrheit über der vom Eurostabilitätspakt vorgeschriebenen Grenze. Die griechische Regierung hatte die Zahlen geschönt – die meisten Währungshüter haben das geahnt, doch waren die großen Exportnationen der EU lebhaft daran interessiert, das stark konsumorientierte Griechenland als interessanten Absatzmarkt für die Produkte der eigenen Volkswirtschaften in die Eurozone aufzunehmen. So wurden die Angaben weder von der Europäischen Kommission noch von den Mitgliedsländern geprüft; man wollte es gar nicht so genau wissen. Das war, wie inzwischen auch der damalige deutsche Finanzminister Hans Eichel einräumt, ein Fehler (→ 85).

Italien wurde seinerzeit gleichfalls als Euromitglied akzeptiert, obwohl auch dort die Schulden weit über der eigentlich verbindlichen Grenze lagen. Die italienische Regierung hatte jedoch als Gründungsmitglied der Europäischen Union auf dem Beitritt bestanden. Die Partnerländer haben es abgenickt. Heute leidet die gesamte Eurozone unter diesen politischen Entscheidungen.

Auch in den Folgejahren handhabten die Euroländer den Stabilitätspakt locker – zu locker, um die Währung tatsächlich stabil zu halten. Die Europäische Kommission rügte zwar immer wieder einzelne Länder, weil die Defizite ihrer Staatshaushalte oder die Inflation zu hoch waren, doch blieben die Rügen ohne Folgen. Sehen die EU-Verträge eigentlich Strafzahlungen vor, wenn ein Land sich nicht an die Regeln hält, so musste bislang noch kein Land, das gegen die Vereinbarungen verstieß, auch wirklich bezahlen. Solch eine Exekution der Strafandrohung müssten die übrigen Euroländer mit qualifizierter Mehrheit beschließen. Das aber haben sie sich bislang nicht getraut – aus Angst vor Konsequenzen, wenn sie selbst gegen die Regeln verstoßen sollten. Auch Deutschland, das in der Eurokrise vergleichsweise gut dasteht, hat wiederholt, und zwar auch noch im Jahr 2010, die magische Drei-Prozent-Marke überschritten, die die Neuverschuldung maximal aufweisen dürfte, und hätte eigentlich Sanktionen der Gemeinschaft akzeptieren müssen; diese aber blieben, wie gewohnt, aus, weil Deutschland die notwendige Mehrheit im Rat verhindern konnte.

Gleichzeitig haben es die Staats- und Regierungschefs seit den 1990er Jahren versäumt, dem Euro den erforderlichen stabilen sozial- und wirtschaftspolitischen Unterbau zu geben: Nirgendwo auf der Welt gibt es einen Staat oder einen Zusammenschluss von Ländern, der zwar eine gemeinsame Währung hat, aber keine gemeinsame Wirtschafts- und Sozialpolitik betreibt. Die Europäische Union hat diesen Spagat versucht – und ist gescheitert. Den Preis dafür zahlen nun die Europäer, indem sie ein Eurorettungspaket nach dem anderen schnüren. Bisher gestaltet jedes Euroland seine Wirtschafts- und Sozialpolitik unabhängig von Brüssel, wie etwa ein Blick auf die unterschiedlichen Steuersätze zeigt. Die Höhe der Abgaben variiert dabei erheblich: In Irland müssen Unternehmen nur 12,5 Prozent Steuern bezahlen; in Deutschland liegt der Steuersatz bei knapp 30, in Belgien sogar bei 34 Prozent. Das lockte jahrelang Unternehmen auf die grüne Insel. Erst der Zusammenbruch des Bankensektors im Zuge der globalen Finanzkrise bereitete dem Boom des «irischen Tigers» zumindest vorläufig ein Ende.

Ähnlich verhält es sich bei der Einkommenssteuer. Hier schwanken die Spitzensätze zwischen 52 Prozent in den Niederlanden und gerade einmal 21 Prozent in Estland. Genauso unterschiedlich sind die sozialen Standards in den Euroländern: Renteneintrittsalter, Lohnsteigerungen, Arbeitslosengeld, Urlaubsansprüche – in keinem dieser Bereiche gibt es einheitliche Vorgaben. Gleichzeitig werden die Staatshaushalte unterschiedlich belastet – zum Beispiel durch höhere Rentenzahlungen.

All das macht aus dem lange Zeit so erfolgreichen Euro eine Wackelwährung, die einige lieber wieder abschaffen würden. Kein Land will sich auf die anderen Mitglieder der Eurozone zubewegen aus Angst, Wettbewerbsvorteile zu verlieren. Die Europäische Union braucht nicht zwingend eine institutionalisierte Wirtschaftsregierung oder einen EU-Finanzminister in Brüssel. Aber langfristig wird nur eine bessere Zusammenarbeit zwischen den Euroländern den Euro stabilisieren können. Derzeit sieht es nicht so aus, als ob den Mitgliedsländern noch viel Zeit bliebe, aus ihren steuerungstechnischen Fehlern zu lernen.

69. Wieso konnte die Europäische Union den Zusammenbruch der Staatsfinanzen in Ländern wie Griechenland nicht verhindern?

Dem Debakel liegt ein Denkfehler zugrunde: Die EU-Mitgliedsstaaten sahen im Euro einen Urknall für mehr Integration, mehr Zusammenarbeit, mehr Harmonisierung in der Gemeinschaft. Die gemeinsame Währung sollte als Katalysator wirken. Erst das Geld, dann der Rest. Aber als der Euro dann da war, wollte vom Rest niemand mehr etwas wissen.

Es hätte genau andersherum laufen müssen: Erst hätte die Europäische Union zusammenwachsen müssen. Dann hätte die gemeinsame Währung kommen dürfen.

Jetzt fehlt es an allen Enden. Die Politiker versuchen, ein Finanzloch nach dem anderen zu stopfen. Mal pumpen sie Milliarden in marode Banken, mal geben sie Kredite an hoch verschuldete Staaten. Ein wirklicher Plan fehlt, weil er nie ausgearbeitet worden ist.

Das Debakel in Griechenland hätte nur verhindert werden können, wenn die EU-Staats- und Regierungschefs eine solche Katastrophe von vornherein als Möglichkeit eingeplant hätten. Aber sie wollten davon nichts wissen. Deshalb akzeptierten sie Griechenland in der Eurozone. Deshalb schauten sie jahrelang über die dortigen Mauscheleien hinweg. Es wird schon gut gehen, sagte man sich wohl in Brüssel, Paris und Berlin.

Und weil der finanzielle Kollaps eines Landes nicht vorkommen durfte, trafen die Euroländer auch keine Vorkehrungen dafür. Bis zum Ausbruch der Krise fehlten verbindliche Verfahrensregeln und ein gemeinsamer gesetzlicher Rahmen, um die Probleme finanz- und rechtstechnisch zu bewältigen und in Not geratenen Staaten schnell und zielführend zu helfen. Dabei träumte die EU-Kommission schon in den 1970er Jahren von einem gemeinsamen europäischen Währungsfonds.

Stattdessen gerieten die EU-Staats- und Regierungschefs, als die Pleite Griechenlands drohte, unter den Druck der Finanzmärkte und Ratingagenturen und mussten improvisieren, um eine gemeinsame Strategie zur Rettung des Landes zu finden. Die holprigen Beratungen sowie voreilig veröffentlichte und dann wieder revidierte Beschlüsse waren nicht dazu angetan, das Vertrauen in den Euro und das Krisenmanagement Europas zu stärken. Außerdem hingen die Hilfszahlungen von der Zustimmung der nationalen Parlamente ab. So wurde die gesamte Eurozone abhängig von oft

Der Parthenon auf der Akropolis

kleinsten Parteien, die die erforderlichen Stimmen im Parlament brachten.

Ebenso schmerzlich zeigt sich der Mangel an gemeinsamen Regelungen bei der Finanzierung der einzelnen EU-Länder. Jedes Euroland muss eigenständig Kredite aufnehmen; dafür platziert es am Markt Anleihen mit einer meist mehrjährigen Laufzeit und muss den Käufern der Anleihen entsprechende Zinsen bezahlen. Für Länder, die in finanziellen Schwierigkeiten stecken – wie dies seit 2010 insbesondere für Griechenland oder Portugal und Spanien gilt –, werden diese Zinsen immer höher, die Kredite mithin immer teurer; und damit wächst auch ihr Schuldenberg.

Die Grünen und die Sozialdemokraten im Europäischen Parlament fordern deshalb die Einführung von Eurobonds, also von Anleihen, die alle Euroländer *gemeinsam* ausgeben. Eurobonds würden Ländern wie Griechenland helfen, weil die Zinsen für die aufgenommenen Kredite sinken würden.

Deutschland, das bisher niedrige Zinsen bezahlt, müsste dann allerdings tiefer in die Tasche greifen; folglich blockiert die Regierung mit Rücksicht auf ihr Wählerklientel, dem sie diese Politik nicht zumuten möchte, die Vorschläge für Euroanleihen.

Die Gegner der Euro-Anleihen befürchten, dass solche Schuldscheine Länder davon abhalten könnten, ihre Staatsfinanzen in Ordnung zu bringen. Bis zur Europawahl im Mai 2014 gab es auch deshalb keine Einigung auf solche gemeinsamen Eurobonds.

Immerhin wurden bei der Regulierung der Finanzwirtschaft erste Fortschritte erzielt. Jahrelang konnten Spekulanten, Hedgefonds-Manager und Broker sich unreglementiert am europäischen Markt austoben. Besonders gerne taten sie das mit so genannten Leerverkäufen. Dabei wetten Spekulanten auf fallende Kurse von Aktien, Währungen oder staatlichen Schuldpapieren. Dafür leihen sie sich entsprechende Papiere von anderen Anlegern gegen eine Gebühr aus und verkaufen sie in der Hoffnung, sie zu einem späteren Zeitpunkt für weniger Geld zurückkaufen zu können. Zu dem vereinbarten Termin müssen sie die Papiere den Anlegern zurückgeben. Ist der Kurs – wie von ihnen angenommen – gefallen, streichen sie die Differenz als Gewinn ein.

Mittlerweile gilt als gesichert, dass diese Spekulationen auf staatliche Schuldscheine mit zum Zusammenbruch Griechenlands geführt haben. Nach der Katastrophe haben einige EU-Staaten diese Leerverkäufe verboten. Außerdem haben sich die 28 Mitgliedsstaaten mittlerweile darauf geeinigt, eine europäische Bankenaufsicht einzurichten, die alle Finanzinstitute kontrollieren und so Pleiten verhindern soll. Auch die Abwicklung von Banken soll in Zukunft europäisch – und damit unabhängiger von Lobbyinteressen – geregelt werden.

So soll verhindert werden, dass weiterhin die Steuerzahler für die Krise bezahlen. Allein in Deutschland sind bereits rund 70 Milliarden Euro in die Bankenrettung geflossen.

70. Kann die Europäische Union «pleitegehen»? In der Europäischen Union wird nie die Tür zugemacht und das Licht ausgeknipst werden, wie in einem Pleite-Unternehmen. Staaten können nicht einfach aufhören zu existieren wie private Firmen. Sie können sich über Kredite, Steuern oder frisch gedrucktes Geld immer wieder neue Finanzmittel besorgen. Allerdings kann es passieren, dass einzelne Staaten der Europäischen Union trotzdem nicht mehr all ihre Schulden begleichen können. In diesem Sinne wären sie dann «pleite».

Dass Staaten nicht mehr genug Geld zur Verfügung haben, ist keine Neuerscheinung der Europäischen Union. Deutschland war nach beiden Weltkriegen wegen der Kriegsschulden zahlungsunfähig.

Eine Währungsreform führte die deutsche Mark ein und ermöglichte dem Land 1948 einen wirtschaftlichen Neuanfang.

Staaten, die einen Staatsbankrott befürchten, können als letztes Mittel ihre Währungen abwerten. Das heißt: Sie drucken Geld nach und beschaffen sich so die Finanzmittel, die ihnen fehlen. Finnland hat das 1992 gemacht und die Finnmark abgewertet. In Argentinien gab es zehn Jahre später eine Abwertung des Peso.

Für die betroffenen Bürger ist das eine schwierige Situation. Plötzlich ist ihr Geld weniger wert. Sie müssen für Lebensmittel und vor allem für importierte Waren viel mehr ausgeben als zuvor. Und die Staatsschulden gegenüber ausländischen Gläubigern wachsen entsprechend an. Nur wenn sich die Wirtschaft schnell erholt und gleichzeitig Gläubiger auf Schulden verzichten, hat das Land eine Chance, den Staatsbankrott zu vermeiden. Griechenland könnte nur zu diesem Mittel greifen, wenn es zuvor aus der Eurozone ausscheidet und die alte nationale Währung wieder einführt. Denn über den Neudruck von Eurobanknoten entscheidet allein die Europäische Zentralbank. Die folgt dabei dem Prinzip der Preisstabilität in der gesamten Eurozone und nicht den Bedürfnissen eines einzelnen Landes.

Würde Griechenland seinen Bankrott erklären, würden darunter auch französische und deutsche Banken leiden. Sie haben in den vergangenen Jahren eifrig griechische Staatsanleihen gekauft. Schon Ende 2010 hatten deutsche Institute nach Recherchen des Handelsblatts Anleihen in Höhe von 8,8 Milliarden Euro in den Büchern. Die wären dann auf einen Schlag kaum noch etwas wert.

Die französisch-belgische Bank Dexia ist im Herbst 2011 bereits zusammengebrochen und konnte nur mit staatlicher Hilfe gerettet werden. Ähnlich könnte es zahlreichen Geldinstituten in Deutschland ergehen, sollten die Griechen ihre Schulden nicht zurückzahlen.

Außerdem könnte eine erste Staatspleite in der Eurozone einen Domino-Effekt auslösen: Staaten, die ebenfalls hoch verschuldet sind, wie Spanien, Italien und Portugal, hätten vermutlich große Schwierigkeiten, noch bezahlbare Kredite am Markt zu bekommen. Daran könnte die gesamte Eurozone zerbrechen.

71. Wen schützt der EU-Rettungsschirm? Die Rettungspakete und Stabilitätsmechanismen werden seit Beginn der Eurokrise ständig geändert, erweitert und umbenannt.

Seit Oktober 2012 ist der so genannte ESM – der Europäische Stabilitätsmechanismus – der aktuelle «Rettungsschirm» für Länder der Eurozone, die in Zahlungsschwierigkeiten geraten. Dieser Fonds soll allen Euroländern helfen, die ihre Schulden nicht mehr selbst bezahlen können. Bis jetzt haben Spanien und Zypern von dieser Stütze profitiert. Die Regierung in Madrid hat bis Ende 2013 einen Kredit über 41,3 Milliarden Euro zur Rettung der spanischen Banken bekommen. An Zypern wurden bereits 4,6 Milliarden Euro für ein wirtschaftliches Stabilisierungsprogramm ausgezahlt. Das Programm für die Mittelmeerinsel umfasst insgesamt ungefähr neun Milliarden Euro. Grundsätzlich können alle Mitglieder der Eurozone – also alle 18 Euroländer – einen Antrag auf finanzielle Unterstützung stellen.

Das Prinzip ist einfach: Alle Mitglieder – also alle Euroländer – bürgen für die Kreditwürdigkeit des Fonds. Deshalb kann der Fonds auf den Finanzmärkten günstige Kredite bekommen. Er muss dafür etwa dieselben Zinsen bezahlen wie Deutschland. Diese Kredite gibt er dann an die hoch verschuldeten Länder weiter. Der Vorteil liegt auf der Hand: Die Länder würden selbst entweder gar keine Kredite mehr bekommen oder müssten horrende Zinsen bezahlen. Das ließe ihre Schulden immer noch weiter anwachsen. Der Umweg über den ESM erspart ihnen das.

Der Fonds kann insgesamt Darlehen in Höhe von rund 500 Milliarden Euro vergeben. Deutschland bürgt für den Löwenanteil dieser Darlehen gemeinsam mit Frankreich.

Die Hilfsgelder für Griechenland kamen aus einem anderen Topf, weil dieses Land schon Geld gebraucht hatte, als es den Rettungsschirm noch gar nicht gab. Langfristig sollen aber auch die Griechenland-Euro aus der ESM kommen. Bis Ende 2014 sind rund 110 Milliarden Euro für Athen vorgesehen.

Damit der Rettungsschirm eingreift, müssen die Mitglieder der Eurozone dem zunächst zustimmen. Geld gibt es nur, wenn sich das Land gleichzeitig verpflichtet, einem von der Europäischen Kommission, der Europäischen Zentralbank und dem Internationalen Währungsfonds erarbeiteten Programm zu folgen, das das Land aus der Schuldenkrise führen soll. Regelmäßig überprüfen Experten die Umsetzung der Vorgaben. Nur wenn die Finanzminister der Euroländer damit zufrieden sind, geben sie weitere Kreditzahlungen frei.

Der Vorgänger des ESM, der im offiziellen Brüsseler Jargon EFSF oder ausgeschrieben «Europäische Finanzstabilisierungsfazilität» heißt, arbeitet noch parallel, bis die Programme, für die diese Institution verantwortlich ist, auslaufen. Diese Gelder gehen an Portugal und Irland. Das Programm für Irland umfasst rund 85 Milliarden Euro. Für Portugal sind 78 Milliarden vorgesehen.

Alle neuen Anträge laufen aber seit Oktober 2012 über den ESM.

72. Wie kann ein Land der Eurozone beitreten und kann es auch wieder austreten? Während der Wirtschafts- und Finanzkrise gab es immer wieder die Forderung, dass Griechenland aus der Eurozone austreten sollte. Das hoch verschuldete Land hatte mit seinen schlechten Wirtschafts- und Finanzzahlen die gesamte europäische Währung ins Wanken gebracht. Ein Austritt aus der Eurozone, so meinten einige Finanzexperten, wäre das Beste für alle. Wie der Austritt praktisch funktionieren könnte, ist aber völlig unklar. Die EU-Verträge sehen einen Austritt nicht vor. Diese Option wird einfach nicht erwähnt, vermutlich, weil sich die Staats- und Regierungschefs bei der Ausarbeitung der Texte nicht vorstellen konnten, dass es einmal so weit kommen würde.

Wenn sich Griechenland also tatsächlich für einen Austritt entscheiden würde, müssten die Athener Regierung und die Staats- und Regierungschefs der übrigen 17 Euroländer gemeinsam entscheiden, ob ein solcher Schritt überhaupt möglich wäre und unter welchen Bedingungen.

Eindeutig sind die Regeln dagegen für den Beitritt zur Eurozone: Alle EU-Mitgliedsstaaten sind dazu verpflichtet, den Euro als Währung einzuführen, sobald sie die im EU-Vertrag festgelegten Bedingungen dafür erfüllen. Die EU-Kommission prüft das mindestens alle zwei Jahre. Um als Euro-Mitglied zugelassen zu werden, muss ein Land die folgenden Kriterien erfüllen: Die Staatsverschuldung darf nicht zu hoch sein, die Inflation und die Zinsen dürfen nicht zu weit vom Durchschnitt der übrigen Euroländer entfernt liegen. Außerdem prüft die Europäische Kommission die Entwicklung der Lohnkosten und ob die Landeswährung in den Jahren zuvor stabil war. Dann entscheiden die Regierungen der bisherigen Euroländer mit qualifizierter Mehrheit über den Beitritt. Als letztes Land schaffte es Anfang 2014 Lettland in die Eurogruppe (→ 17).

Für drei Länder gelten allerdings Ausnahmeregelungen: Dänemark, Schweden und Großbritannien sind von der allgemeinen Europflicht befreit. Dänemark und Großbritannien müssen die gemeinsame Währung nur einführen, falls ihr Parlament oder die Bevölkerung in einer Volksabstimmung dafür stimmt. Sie haben sich diese Ausnahmen vor der Euroeinführung erstritten. Schweden hat sich eigentlich bei seinem Beitritt 1995 zum Euro verpflichtet. Aber die Regierung organisierte trotzdem ein Referendum. Im September 2003 sprach sich die Mehrheit der Schweden gegen den Euro aus. Die Europäische Kommission akzeptierte die schwedische Ausnahme vorübergehend. Ein Termin für ein erneutes Referendum steht bisher noch nicht.

73. Gibt es eine EU-Steuer? Die einzigen EU-Bürger, die der Union eine direkte Steuer bezahlen, sind die Beamten der europäischen Institutionen. Ihre Einkommensteuer fließt direkt in den EU-Haushalt. Allerdings machen diese Einnahmen nur einen winzigen Bruchteil des Budgets aus – er liegt bei unter einem Prozent.

Den größten Anteil am EU-Budget bezahlen die Mitgliedsstaaten direkt aus ihren Haushalten. Deutschland hat 2013 rund 30,65 Milliarden nach Brüssel gezahlt; finanziert durch Steuereinnahmen im Land. Jeder Mitgliedsstaat zahlt etwas mehr als ein Prozent des nationalen Bruttoinlandsprodukts nach Brüssel. Davon kommt ein erheblicher Anteil zurück ins Land – über die EU-Landwirtschaftssubventionen, Geld für Struktur- und Regionalförderung sowie andere Förderprogramme.

Die Beiträge der Staaten machen rund 85 Prozent des Gesamtbudgets aus. Das lag 2013 bei rund 144 Milliarden Euro. Besonders viel Geld ist das für 28 Mitgliedsstaaten nicht. Der Ausgaben der deutschen Bundesregierung waren 2013 mit rund 302 Milliarden Euro mehr als doppelt so hoch.

Zu den Zahlungen der Mitgliedsstaaten kommen zwei weitere Einnahmequellen hinzu: Die Europäische Union darf 75 Prozent der Zölle behalten, die an den EU-Außengrenzen für den Import von Waren aus Drittländern eingenommen werden. Und sie bekommt von den Mitgliedsländern einen Anteil der Mehrwertsteuer. Außerdem behält sie die Bußgelder, die Unternehmen bezahlen müssen, die gegen die gemeinsamen EU-Wettbewerbsregeln verstoßen haben.

Der Europäischen Kommission sind diese Regeln zu undurch-

sichtig und kompliziert. Außerdem ist die Union zu einem sehr großen Teil von der Zahlungsbereitschaft der Mitgliedsstaaten abhängig.
Deshalb hat die Europäische Kommission 2011 vorgeschlagen, die
erste direkte EU-Steuer einzuführen, und zwar die Finanztransaktionssteuer. Der Handel mit Aktien und Anleihen soll, so forderte es
die Behörde, mit einem Steuersatz von 0,1 Prozent besteuert werden.
Dieses Geld soll dann nicht in die Kassen der Mitgliedsstaaten, sondern direkt in den EU-Haushalt fließen.

Die Idee stieß zunächst nicht auf viel Gegenliebe. Schließlich ent-
schieden sich im Januar 2013 elf EU-Länder – darunter auch
Deutschland – eine solche Finanztransaktionssteuer einzuführen.
Ihre Motivation war vor allem, zu risikoreiche Spekulationen an
Finanzmärkten einzudämmen und am Gewinn von Aktiengeschäf-
ten mitzuverdienen.

Allerdings soll das Geld in die jeweiligen nationalen Haushalte
fließen und nicht etwa nach Brüssel. Nicht mal das scheint bisher zu
funktionieren: Bis ins Frühjahr 2014 stockten die Verhandlungen
über die endgültige Ausgestaltung der Steuer. Die Mitgliedsstaaten
verlieren sich in Details. Deshalb ist noch völlig unklar, ob und wann
die Steuer kommen wird. Ein Geldsegen für die Brüsseler EU-Kasse
wird sie aber auf keinen Fall bringen.

74. Gibt es in der Europäischen Union Steuerparadiese? Vor einer
riesigen Scheune in der Nähe von Saint Helier, der Hauptstadt der
britischen Kanalinsel Jersey, stehen dicht gedrängt mehrere hundert
Menschen. In ihrer Mitte steht ein glatzköpfiger Mann auf einer Lei-
ter und preist das Auto zum Kauf an, das schräg hinter ihm steht. Bei
der Auktion auf Jersey wird um jeden Penny gefeilscht. Die Menschen kaufen hier, was sie sich sonst nicht leisten können: Autos für
200 Euro zum Beispiel, Kühlschränke oder eine neue Sofagarnitur
fürs Wohnzimmer. Nick Le Cornu kommt oft hierher. Er kauft selbst
ab und zu hier ein.

Bis vor ein paar Jahren war das unvorstellbar für ihn: Er arbeitete
als Anwalt für verschiedene Finanzfirmen. Jersey gilt als Steuerpara-
dies. Ausländische Firmen müssen hier keine Steuern bezahlen. Das
lockt jedes Jahr über 500 Milliarden Euro auf die Insel. In der Hauptstadt reiht sich ein Bankengebäude an das nächste.

Nick Le Cornu ist ausgestiegen. Er wollte gegen die Steuerun-
gleichheiten kämpfen, kandidierte für den Senat. Aber auf Jersey

wollte seine Kritik niemand hören. Und einen Job findet er seitdem auch nicht mehr.

Das war im Sommer 2009. Damals versprachen die Mitgliedsländer der Europäischen Union, die Steuerparadiese auszutrocknen, mehr Transparenz zu schaffen und Steuerhinterziehung strenger zu ahnden.

Im Herbst 2011 hat die Nichtregierungsorganisation «Netzwerk für Steuergerechtigkeit» aber festgestellt: In Jersey hat sich praktisch nichts geändert. Im Gegenteil: Es ist sogar noch schlimmer geworden. Seit 2009 dürfen auf der Insel Stiftungen gegründet werden. Das war bis dahin verboten, eben weil diese Organisationen oft für Steuerhinterziehung missbraucht werden. Das Geld wird in den Stiftungen geparkt, ohne dass sie im Land tatsächlich Projekte betreiben. Jersey will so noch mehr Kapital anlocken und die britische Regierung in London schaut dabei wohlwollend zu.

Jersey schafft es so auch im Herbst 2013 auf Platz neun der Rangliste der weltweiten Steuerparadiese, die das Netzwerk für Steuergerechtigkeit jedes Jahr veröffentlicht. Es hat dafür über 70 Finanzplätze in der Welt miteinander verglichen. Auf den vorderen Rängen finden sich zahlreiche weitere EU-Mitgliedsstaaten: Luxemburg liegt auf Platz zwei, Deutschland auf Platz acht. Österreich folgt auf Rang 18 und Großbritannien auf 21.

Ausschlaggebend für die Bewertung ist das Ausmaß an Geheimhaltung in den Ländern. Es wird untersucht, ob Besitzstrukturen, zum Beispiel von Unternehmen und Stiftungen, verschleiert werden und ob es ein Bankgeheimnis gibt.

In Deutschland werden Anlagen von Nicht-EU-Bürgern nicht gemeldet. Von dem Konto eines Finanziers aus Übersee erfahren die Finanzbehörden nichts. Die Zinsen fließen unversteuert zurück ins Herkunftsland. Und ob sie dort gemeldet werden, ist fraglich. Mit solchen Praktiken steht Deutschland schlimmer da als Liechtenstein oder die Bermuda-Inseln.

Auch Jersey hält nichts von dem Austausch von Informationen über die dort investierten Milliarden. Mit 33 Ländern hat die Insel bisher Abkommen abgeschlossen, die es grundsätzlich erlauben, Informationen über Anleger weiterzugeben. Allerdings müssen die Behörden dafür einen begründeten Verdacht auf Steuerhinterziehung angeben. Sonst mauert Jersey.

Ändern könnte sich das erst 2015. Dann wollen alle EU-Staaten das Bankgeheimnis aufgeben und Daten austauschen, auch wenn kein begründeter Verdacht auf Steuerbetrug besteht, sondern Steuerhinterziehung nur vermutet wird. Sammelanfragen sind aber weiterhin nicht zugelassen. Außerdem gilt die neue Transparenz zunächst nur für Lohn- und Gehaltseinkünfte, Renten und Immobiliengewinne. Dividenden und Kapitalgewinne bleiben dagegen mindestens bis 2017 von der Regel ausgeschlossen. Und ob Jersey sich überhaupt daran beteiligen wird, ist unklar. Die Insel ist nämlich offiziell kein volles EU-Mitglied, sondern gehört nur zum europäischen Binnenmarkt. Sie ist deshalb nicht verpflichtet, alle EU-Regeln voll zu übernehmen.

Der Politiker Nick Le Cornu hat die Hoffnung mittlerweile aufgegeben, dass sich auf seiner Insel Jersey grundlegend etwas ändern wird. Er ist bei der Parlamentswahl im Herbst 2011 ein weiteres Mal mit seinen Forderungen für mehr Steuergerechtigkeit angetreten und gescheitert.

75. Gibt es Armut in der Europäischen Union?

Die Holzhütten sind handgezimmert aus Latten vom Sperrmüll. Durch die Ritzen zieht der Wind. Die beiden Kinder der Familie spielen auf dem Fußboden mit alten Plastikflaschen, die sie hin und her rollen. Ihre Mutter schält Zwiebeln. Auf dem Gaskocher in der Ecke steht ein Topf mit Hühnersuppe. Die muss für die nächsten drei Tage reichen. Die Familie kommt aus Rumänien. Sie sind Roma, die vor ein paar Monaten nach Paris gekommen sind – auf der Suche nach Arbeit und einem besseren Leben. Jetzt hausen sie gemeinsam mit Dutzend weiteren Roma in einem Lager in einem Pariser Vorort. Sie haben kein fließendes Wasser, keinen Strom. Ihre Kinder gehen nicht zur Schule – wie schon in Rumänien.

Roma gehören zu den Ärmsten in der Europäischen Union. Aber längst beschränkt sich Armut nicht mehr auf solche Randgruppen: Die Europäische Statistikbehörde Eurostat hat zuletzt im Herbst 2013 EU-weite Armutszahlen veröffentlicht. Demnach waren 2012 rund 17 Prozent der EU-Bürger armutsgefährdet. Knapp zehn Prozent konnten sich entscheidende Dinge zum Leben nicht mehr leisten wie Heizung oder Telefon.

Als armutsgefährdet gilt, wer zum Leben 60 Prozent weniger hat als der Durchschnitt im jeweiligen Land. Wie viel Geld die Menschen zur Verfügung haben, schwankt stark, je nachdem wie hoch das nationale Durchschnittseinkommen ist. In Luxemburg gilt schon als arm, wer rund 1500 Euro im Monat zur Verfügung hat. In Deutschland liegt die Grenze bei rund 800 Euro.

Besonders hoch liegt die Armutsrate in Bulgarien mit knapp 50 Prozent, Rumänien, Griechenland und Lettland. In Deutschland haben die Statistiker eine Armutsquote von 19,6 Prozent errechnet. Das sind 16 Millionen Menschen.

Die Armen der Europäischen Union können sich alltägliche Dinge nicht mehr leisten: Sie können ihre Wohnung nicht ordentlich heizen, müssen auf Telefon, Fernseher, Waschmaschine oder Auto verzichten. Die Zahlen aus dem Jahr 2010 gehen noch weiter ins Detail. Demnach konnten zum Beispiel 37 Prozent aller EU-Büger keinen Jahresurlaub bezahlen. Zehn Prozent mussten aufs Heizen verzichten; in Polen waren es sogar doppelt so viele.

Immer wieder gibt es Appelle – etwa aus dem Europäischen Parlament –, europäische Strategien gegen Armut zu entwickeln. Allerdings kann die EU bisher nur Anstöße geben. Sozialpolitik ist Sache der Mitgliedsstaaten. Eine europäische Initiative war 2013 die Jugendgarantie. Das Programm soll Jugendlichen in den EU-Ländern einen Ausbildungsplatz oder zumindest ein Praktikum oder ähnliches sichern. Bis Frühjahr 2014 war aber noch nicht klar, wie die dafür vorgesehenen sechs Milliarden Euro eigentlich eingesetzt werden sollen.

Ein anderes Beispiel für EU-Hilfe ist das Programm für Lebensmittelhilfe. Einst erfunden zum Abbau von überschüssiger Produktion in der Landwirtschaft, hat dieses Programm jahrzehntelang rund 20 Millionen Menschen in der EU mit den nötigsten Grundnahrungsmitteln versorgt. Weil die Bauern zu viel produziert haben, bekamen die Bedürftigen davon einen Teil ab. Der Wert der Überschussware wurde ermittelt und für diese Summe durften die sozialen Organisationen Lebensmittel einkaufen. 2010 waren das noch 440 000 Tonnen.

Aber weil die Lebensmittellager mittlerweile leer sind, wollten die Regierungen einiger EU-Mitgliedsländer das Programm ab 2014 abschaffen. Dazu gehörte auch die deutsche Bundesregierung. Vor allem die französische Regierung setzte sich dagegen für die Beibehaltung des Programms ein. Im Februar dieses Jahres einigten sich EU-Parlament und Rat dann doch auf einen Kompromiss: Auch für die kommenden sieben Jahre wird es ein Hilfsprogramm in Höhe von insgesamt 3,5 Milliarden Euro geben. Davon können Organisationen in Zukunft aber nicht nur Lebensmittel kaufen, sondern auch Kleidung oder Hygiene-Artikel.

76. Sind die EU-Länder weniger korrupt als Staaten in Asien oder Afrika? Im Korruptionsbarometer der Nichtregierungsorganisation Transparency International von 2013 belegt Dänemark gemeinsam mit Neuseeland den ersten Platz. Finnland liegt dahinter auf Platz drei. Diese Staaten werden demnach als die «saubersten» Länder der Welt wahrgenommen. Aber einige EU-Mitgliedsländer liegen besorgniserregend weit zurück in dem jährlichen Ranking der Nichtregierungsorganisation.

Transparency International wertet für den Index verschiedene Studien aus und befragt Experten und Geschäftsleute danach, wie sie Korruption in verschiedenen Ländern wahrnehmen. Das krisengebeutelte Griechenland kommt dabei gar nicht gut weg. Mit 40 von 100 Punkten landet es auf Platz 80 gemeinsam mit China. Nur wenig besser platziert sind Bulgarien auf Platz 77 sowie Italien und Rumänien, die sich den 69. Rang teilen.

All diese EU-Länder müssen sich Ruanda, Namibia und Kuwait geschlagen geben. Und selbst Frankreich schneidet mit Platz 22 schlechter ab als Barbados, Chile und Uruguay.

Zählt man alle 28 EU-Länder zusammen, werden sie zwar im Durchschnitt tatsächlich als weniger korrupt wahrgenommen als die im Index aufgeführten afrikanischen Länder. Das heißt allerdings nicht, dass Korruption in der Europäischen Union nicht existiert:

Nach einer Studie von Transpareny International musste ein griechischer Haushalt 2010 im Durchschnitt 1492 Euro an Bestechungsgeldern bezahlen.

In Österreich legte im Herbst 2011 der ehemalige Bundeskanzler Wolfgang Schüssel sein Abgeordneten-Mandat nieder, weil herausgekommen war, dass während seiner Regierungszeit Bestechungsgelder von Lobbyisten und Unternehmen an Mitglieder seines Kabinetts geflossen waren. So hat zum Beispiel der Rüstungskonzern EADS für einen Auftrag für Kampfflugzeuge gezahlt.

Mitarbeiter des Münchener Unternehmens Siemens haben zwischen 2000 und 2006 rund 1,4 Milliarden Euro an Schmiergeldern gezahlt, um Aufträge in verschiedenen Ländern zu bekommen. Auch bei den Unternehmen MAN und Linde wurde wegen Bestechung ermittelt.

Mittlerweile haben alle 28 EU-Mitgliedsstaaten Gesetze gegen Korruption. Allerdings funktionieren die noch nicht überall reibungslos – besonders flagrant ist das in Rumänien und Bulgarien. Deshalb beobachtet die Europäische Kommission die Entwicklung dort genau und macht regelmäßig Vorschläge, wie die beiden Länder gezielter gegen Korruption vorgehen können. 2008 sind sogar die Hilfszahlungen der Europäischen Union für Bulgarien vorübergehend eingefroren worden, weil die Reformen zu langsam vorangingen. Für alle übrigen EU-Staaten gibt es keinerlei Sanktionsmechanismen.

Im Februar 2014 hat die EU-Kommission den ersten EU-weiten Korruptionsbericht vorgestellt, der aber vor allem Empfehlungen gibt, wie die einzelnen Mitgliedsstaaten besser gegen Betrug vorgehen können. Die EU-Kommission schätzt, dass der europäischen Wirtschaft wegen Korruption jedes Jahr ein Schaden von 120 Milliarden Euro entsteht.

Brüssel ist kein Korruptionsmoloch, meint Transparency International. Die europäischen Institutionen sind an sich nicht anfälliger für Korruption als die Verwaltungen in den Mitgliedsstaaten. Seit dem Skandal um die Santer-Kommission in den 1990er Jahren kontrolliert das Europäische Amt für Betrugsbekämpfung die Institutionen und geht Vorwürfen nach (→ 18).

Einzelfälle gibt es dennoch. 2009 verkaufte ein deutscher Kommissionsbeamter Insiderwissen gegen Geld. Im Januar 2011 haben sich Journalisten der britischen Zeitung «Sunday Times» als Lobbyisten ausgegeben. Sie haben 60 EU-Abgeordnete um Änderungsanträge für bestimmte Gesetze gebeten – als Gegenleistung sollte Geld fließen. Vier Parlamentarier tappten in die Falle.

Das Problem bei der Verfolgung dieser Straftaten ist: Bisher gibt es keinen europäischen Staatsanwalt, der sich um diese Fälle auf EU-Ebene kümmern könnte. Die nationalen Behörden müssen tätig werden und diese haben oft kein Interesse oder kennen sich nicht ausreichend mit dem EU-Recht aus. Deshalb besteht die Gefahr, dass Untersuchungen von Korruptionsfällen in den EU-Institutionen immer wieder im Sand verlaufen.

77. Wo werden die Euroscheine gedruckt? 17 Druckereien in der Europäischen Union haben vor der Euroeinführung eine Lizenz zum Drucken von Euroscheinen bekommen, aber nicht alle nutzen sie. Die Länder, die die Gemeinschaftswährung noch nicht eingeführt haben, drucken weiterhin nur ihre Landeswährung, wie Schweden und Dänemark. Die Finnen haben schon vor Jahren aufgehört, selbst Banknoten zu drucken. Sie lassen sich von den anderen Druckereien beliefern.

Im Geldbeutel zu erkennen sind die Druckereien auch für den Verbraucher: Jede Druckerei hat einen so genannten «Plattencode» zugeteilt bekommen – einen Buchstaben, der auch auf den Scheinen zu sehen ist. Die französische Druckerei Oberthur Technologies führt beispielsweise den Buchstaben «E». Sie stellt Banknoten für Slowenien, Finnland, Deutschland und Frankreich her. Die deutsche Firma Giesecke & Devrient hat den Buchstaben «P» bekommen. Sie druckt die meisten Eurobanknoten – zum Beispiel für die Deutsche Bundesbank im Jahr 2012 gut eine Milliarde Zehn-Euro-Scheine.

Ironischerweise wurde der erste Buchstabe des Alphabets «A» ausgerechnet an die englische Nationalbank vergeben, obwohl sich Großbritannien nicht an der gemeinsamen Währung beteiligt und von der Nationalbank deshalb auch keine Eurobanknoten gedruckt werden.

Seit 2014 müssen – nach EU-Recht – alle Druckaufträge für Eurobanknoten EU-weit ausgeschrieben werden. Dann bekommt die Druckerei den Zuschlag, die am kostengünstigsten gute Qualität liefert, unabhängig davon, für welches Land die Scheine vorgesehen sind.

Die Deutsche Bundesbank hat bereits 2010 EU-weit ihre Druckerei gesucht und die Aufträge an eine niederländische, eine französische und eine deutsche Privatfirma vergeben. Die Bundesdruckerei – traditionell mit der Aufgabe betraut – ging damals leer aus. Aber schon im darauffolgenden Jahr kehrten die Euroscheine wieder zurück.

Wie viele Scheine insgesamt neu gedruckt werden dürfen, entscheiden die Zentralbanken der Euroländer gemeinsam mit der Europäischen Zentralbank. Die wacht über die Inflation in der Eurozone, und die Preise steigen mit jedem Schein, der zu viel auf dem Markt ist.

Der Brüsseler Mikrokosmos

78. Was sind Lobbyisten und was machen sie in Brüssel? Lobbyisten haben Brüssel den Titel eines Vize-Weltmeisters verschafft. Die belgische Hauptstadt ist nach Washington Weltmarktführer im Lobbyismus. Alle, die die Politik der Europäischen Union beeinflussen wollen, schicken ihre Interessenvertreter nach Brüssel.

Dazu gehören große und kleine Unternehmen aus aller Welt, die deutschen Bundesländer sowie die französischen Departements, Nichtregierungsorganisationen, Umweltverbände, aber auch Vereine und Gewerkschaften. Alle sind sie in Brüssel. Die Europäische Kommission schätzt die Zahl der Lobbyisten auf über 15 000. Aber vermutlich sind es noch viel mehr, denn ein verbindliches Register gibt es nicht.

Die Lobbyisten haben ihre Büros in dem Brüsseler Viertel, in dem auch die Institutionen der Europäischen Union liegen – möglichst nahe bei denen, die sie beeinflussen wollen. Der europäische Arbeitgeberverband residiert genau gegenüber der Abteilung für Wettbewerbsfragen der Europäischen Kommission: kurze Wege, beste Einflussmöglichkeiten.

Die meisten Gespräche zwischen EU-Beamten, Abgeordneten und Lobbyisten finden nicht in Büros statt. Zur Mittagszeit sind die Restaurants überfüllt – mit vielen Männern in dunklen Anzügen und wenigen Frauen in dezenten Kostümen. Bei diesen Treffen geht zwar kein Geld über den Tisch, aber dafür werden wertvolle Informationen ausgetauscht. Die Politiker geben den Interessenvertretern Hinweise, welche Gesetze gerade «in der Mache» sind; die Lobbyisten versorgen die Politiker mit Argumenten und Statistiken. Der ehemalige CDU-Europa-Abgeordnete Hartmut Nassauer sagt es ganz offen: Die Parlamentarier im Europäischen Parlament müssen über so viele verschiedene Dinge entscheiden, dass sie sich gern auf das Fachwissen der Lobbyisten verlassen.

Das Zusammenspiel zwischen Politikern und Lobbyisten ist in Brüssel wesentlich enger als in Berlin oder Paris. Die Politiker haben viel weniger Mitarbeiter, die ihnen zuarbeiten können. Meist sind es nur zwei oder drei Assistenten, die in den kleinen Büros sitzen, und anders als zum Beispiel im Deutschen Bundestag gibt es keinen allgemeinen wissenschaftlichen Dienst, der allen Abgeordneten zur Verfügung steht. Im Deutschen Bundestag hat allein dieser Dienst über 100 Mitarbeiter. Hinzu kommen die Angestellten der einzelnen Fraktionen.

Manchmal bricht deshalb ein regelrechter Lobby-Krieg aus – zum Beispiel bei den Verhandlungen über die Chemikalien-Verordnung «Reach» 2004/05. Die Verordnung schreibt erstmals eine Registrierung für alle in der Europäischen Union verwendeten Chemikalien vor. Für diese Registrierung müssen die Stoffe darauf geprüft werden, ob sie gesundheitsgefährdend, zum Beispiel krebserregend, sind. Danach wird entschieden, ob die Substanzen, die sich bisher in Polstermöbeln oder Kinderspielzeug befinden, weiter verarbeitet werden dürfen. Für die Industrie steht viel Geld auf dem Spiel – für komplizierte Genehmigungsverfahren und eventuell für die Erforschung von Ersatzstoffen. Monatelang streiten die Politiker, welche Chemikalien unter die Richtlinie fallen sollen und wie groß der Prüfaufwand werden soll – hin- und hergerissen zwischen den Aussagen von Nichtregierungsorganisationen wie Greenpeace und dem WWF auf der einen und dem Europäischen Verband der Chemieindustrie auf der anderen Seite.

Die Nichtregierungsorganisationen lassen das Blut von einigen – grünen! – Parlamentariern auf Rückstände von Chemikalien prüfen. Die Ergebnisse sind erschreckend. Die Chemieindustrie kontert mit einer Verleumdungskampagne und droht mit dem Verlust von Arbeitsplätzen in der Europäischen Union. Der CDU-Abgeordnete Karl-Heinz Florenz sagt mitten in dem Streit, er sei mit der Verordnung völlig überfordert: über 1000 Seiten, vollgepackt mit komplizierten wissenschaftlichen Details. Schließlich verabschieden die Parlamentarier und die Mitgliedsstaaten die Verordnung im Dezember 2006. Noch ist nicht abzusehen, was «Reach» tatsächlich verändert. Klar ist aber, dass die Abgeordneten auf Druck der Industrie viele Regeln entschärft haben. Ein Beispiel: Stoffe, die nur in kleinen Mengen produziert oder verwendet werden, fallen nicht unter den Prüfzwang. In diesem Fall haben die wirtschaftlichen Argumente die Abgeordneten – trotz der Gesundheitsgefahren – überzeugt.

Problematisch wird der Lobbyistenkrieg, wenn die Politiker nicht mehr nachvollziehen können, wer hinter dem Informanten steckt, der an ihre Bürotür klopft. Viele Kanzleien in Brüssel arbeiten für mehrere Kunden. Nur wenige machen publik, woher ihr Geld kommt, wer ihre Auftraggeber sind. Erik Wesselius vom Corporate Europe Observatory entdeckt immer wieder solche Beispiele in Brüssel. Als das Europäische Parlament 2010 über die Kontrolle von Hedge-Fonds debattierte, ging ein Brief an die zuständigen Abgeordneten, unterschrieben von rund 700 mittelständischen Unternehmern. Sie alle sprachen sich gegen eine strenge Regulierung der Branche aus. Das Corporate Europe Observatory deckte auf, dass fast alle diese Firmen denselben Miteigner hatten: die European Venture Capital Association – einen Verband, der große Investmentfonds vertritt.

Die Europäische Kommission hat 2008 reagiert und eine Datenbank eingeführt. Allerdings sind die Interessenvertreter nicht dazu verpflichtet, sich dort einzutragen. Und es bleibt ihnen auch überlassen, wie viele Informationen sie preisgeben wollen. Während einige zum Beispiel ihr Jahresbudget und ihre Geldgeber offenlegen, lassen andere ihre Finanzquellen lieber im Verborgenen. Das bringt nicht die geforderte Transparenz: Knapp 6500 Lobbyisten haben sich mittlerweile eingeschrieben. Die meisten sind Nichtregierungsorganisationen. Nur 900 Unternehmen legen bisher offen, wer für sie in Brüssel arbeitet. Bei insgesamt geschätzten mindestens 15 000 Interessensvertretern ist das ein mageres Ergebnis.

79. Was bedeutet die Abkürzung «Coreper»? Der Begriff «Coreper» kommt aus der französischen Diplomatensprache und heißt ausgeschrieben «Comité des représentants permanents». Ins Deutsche übersetzt heißt das so viel wie: Ausschuss der ständigen Vertreter, kurz ASTV.

Hinter dieser sperrigen Bezeichnung verbirgt sich ein Herzstück der Brüsseler Diplomatie. Jeden Mittwoch pünktlich um zehn Uhr vormittags treffen sich die Chefs der ständigen Vertretungen der 28 Mitgliedsstaaten. Sie sind sozusagen die Botschafter ihres Landes bei der Europäischen Union. Bei diesen Sitzungen werden Gesetzesvorschläge diskutiert, Allianzen geschmiedet und die Treffen der Fachminister oder gar der Staats- und Regierungschefs vorbereitet.

Seit 1958 gab es über 2000 solcher Sitzungen, die sich bis in die Abendstunden ziehen, wenn sich die Botschafter nicht einigen können und immer wieder mit ihren Regierungen in den Hauptstädten Kontakt aufnehmen müssen, um zu klären, ob sie nicht doch dem einen oder anderen Kompromiss zustimmen dürfen. Kein Botschafter darf eine Entscheidung treffen, ohne sie mit seiner Regierung abzustimmen. Trotzdem erreichen die ständigen Vertreter Fortschritte, wenn sie ihre Regierung zu Hause überzeugen können, dass ihre Position bei den übrigen 27 nicht mehrheitsfähig ist und es deshalb angeraten wäre, einem Kompromiss zuzustimmen.

Kommen die Botschafter zu einem Ergebnis, müssen die Minister

darüber nur noch abstimmen. Sie finden das Thema als so genannten «A-Punkt» auf der Tagesordnung ihres nächsten Treffens in
Brüssel. Sie segnen diese Punkte mit schnellem Handzeichen ab.

Der ASTV trifft sich in zwei verschiedenen Formationen: Die Botschafter persönlich bereiten die Tagesordnungen für die Außenminister sowie die Wirtschafts-, Finanz- und Innenminister vor. Ihre
Vertreter sind zuständig für die übrigen Politikbereiche. Dazu gehören Landwirtschafts- und Sozialpolitik sowie die Fragen des Bin-
nenmarktes.

Neben dem ASTV gibt es in Brüssel noch rund 140 weitere Arbeits-
gruppen und Ausschüsse, in denen die Experten aus den Mitgliedsstaaten über Gesetzesvorschläge beraten. Deutschland hat dafür
rund 190 Mitarbeiter in die ständige Vertretung nach Brüssel geschickt, die sich ganz speziell mit Fragen der Familienpolitik oder der
Rüstungskontrolle, Steuerfragen oder Verbraucherschutz beschäfti-
gen und die deutsche Position in Brüssel vertreten.

**80. Wieso kommt Angela Merkel jedes Jahr mehrmals nach Brüs-
sel?** Müde sah die deutsche Bundeskanzlerin aus, als sie am
22. Juni 2007 um fünf Uhr in der Früh in Brüssel vor die Presse trat,
müde, aber zufrieden. Angela Merkel hatte damals den EU-Ratsvor-
sitz inne. Unter ihrer Führung hatten sich die Mitgliedsländer auf
den neuen EU-Vertrag geeinigt, der später den Namen «Vertrag von
Lissabon» bekommen sollte (→ 19).

36 lange Stunden hatten die Staats- und Regierungschefs verhandelt, und beinahe wäre das große Projekt gescheitert. In der Nacht
war Angela Merkel der Geduldsfaden gerissen, als die Polen einfach
nicht nachgeben wollten und mehr Gewicht verlangten bei der Stimmenverteilung unter den Mitgliedsländern (→ 37). Erst als die Bundeskanzlerin den Polen mit einem Verhandlungsabbruch drohte,
lenkten die schließlich ein.

Mittlerweile ist der Vertrag in Kraft getreten. Angela Merkel hat
den Ratsvorsitz turnusmäßig abgegeben. Aber trotzdem kommt sie
jedes Jahr mindestens vier Mal nach Brüssel. So will es der Lissa-
bon-Vertrag. Er verpflichtet die Staats- und Regierungschefs der
EU-Mitgliedsstaaten zu diesen regelmäßigen Treffen. In den oft
stundenlangen Arbeitssitzungen entscheiden sie über die Zukunft
der Europäischen Union und behandeln all die Fragen, die ihre
Fachminister bei ihren Treffen nicht lösen konnten. Vertragsände-

Bundeskanzlerin Angela Merkel, Direktorin des Internationalen Währungsfonds Christine Lagarde und der französische Staatspräsident Nicolas Sarkozy, Juli 2011

rungen werden grundsätzlich auf dieser höchsten Ebene besprochen genauso wie Erweiterungsfragen.

Meist beginnen die Gipfel am ersten Tag nachmittags und enden am darauffolgenden Tag nach dem Mittagessen. Immer wieder passiert es aber, dass sich die Verhandlungen in die Länge ziehen – so wie beim Juni-Gipfel 2007 unter deutscher Präsidentschaft, als der Durchbruch erst am frühen Samstagmorgen gelang.

In schwarzen Limousinen fahren die Politiker am Hintereingang des Ratsgebäudes vor. Zugelassen sind hier nur ein paar Journalisten und der Protokollchef des Rates, der die Staats- und Regierungschefs mit einem Händedruck empfängt und über einen roten Teppich nach drinnen geleitet.

Getagt wird im Raum 50.1 im fünften Stockwerk des weitläufigen Ratsgebäudes mitten im Brüsseler Europaviertel. Kaum einer darf rein in den Saal: ein Mitarbeiter pro Regierungschef und die EU-Botschafter der Länder. Die Wände in dem Raum sind mit Holz verkleidet und schallisoliert. Die Stimmen werden zusätzlich durch den schweren Teppichboden gedämpft. Weil es mittlerweile so viele Mitgliedsstaaten geworden sind, ist der ovale Tisch so lang, dass sich die Teilnehmer kaum noch erkennen können. Sie haben deshalb nicht nur Mikrofone, sondern auch Monitore an ihren Plätzen. Eine rote Zone rund um den Sitzungssaal ist gesperrt für alle anderen.

Die Journalisten warten ein paar Etagen tiefer, dass etwas von den Verhandlungen nach draußen dringt. Wenn irgendwann die Pressesprecher ausschwärmen und das Ende der Sitzung verkünden, strömen alle Journalisten in die Aufzüge, hoch in die Delegationsräume, in denen die Pressekonferenzen stattfinden. Dort verkündete auch Angela Merkel ihren Erfolg im Juni 2007.

Wenn die Verhandlungen gar nicht vorwärtsgehen – so wie in der Juni-Nacht 2007 –, lädt der Ratsvorsitz zum so genannten Beichtstuhlverfahren. In Zweiergesprächen wird dann nach Kompromissen gesucht.

Seit 2011 haben sich die Gipfeltreffen in Brüssel vervielfacht. Die Eurokrise, aber auch außenpolitische Entwicklungen wie der arabische Frühling oder 2014 der Konflikt mit Russland und der Ukraine, haben mehr Treffen notwendig gemacht. Außerdem scheint das dem Ratsvorsitzenden Herman van Rompuy gut zu gefallen, die Staats- und Regierungschefs häufiger nach Brüssel einzuladen, auch um seine eigene Rolle als Gastgeber zu stärken. Der letzte Gipfel der Legislaturperiode fand im März 2014 statt. Bei ihrem nächsten Treffen nach der Europawahl Ende Mai 2014 wollen die Staats- und Regierungschefs dann schon darüber beraten, wer der neue EU-Kommissionspräsident werden soll.

81. Wie verständigen sich die Politiker bei ihren Sitzungen in Brüssel? Wenn sich die Minister oder die Staats- und Regierungschefs der EU-Mitgliedsstaaten in Brüssel treffen, haben die Dolmetscher der Union intensive Arbeitstage. Damit sich die Politiker aus den 28 Ländern überhaupt verständigen können, assistieren ihnen im Durchschnitt drei Dolmetscher pro EU-Amtssprache.

Um den ovalen Tisch, an dem sich die Staats- und Regierungschefs unterhalten, sind entlang der Wände Boxen eingebaut. Hinter Glaswänden sitzen hier die Übersetzer. Sie verfolgen die Diskussion über Kopfhörer und wechseln sich alle halbe Stunde ab, um konzentriert zu bleiben und möglichst genau zu übersetzen. Jeder Dolmetscher beherrscht rund fünf Sprachen. Im Durchschnitt lernen sie alle sechs bis sieben Jahre eine weitere hinzu.

Beim Mittag- und Abendessen haben nicht alle Dolmetscher Platz. Der Raum mit den fein eingedeckten Tischen, der den netten Namen «Kaminecke» trägt, ist zu klein. Deshalb hat der Dolmetscherdienst für diese Fälle das so genannte «asymmetrische» Verfahren entwickelt: Ein dezimiertes Team übersetzt von den 24 offiziellen EU-Sprachen in nur sechs Verbindungssprachen, die die Staats- und Regierungschefs festgelegt haben. Es sind Englisch, Französisch, Deutsch, Spanisch, Italienisch und Polnisch. Damit müssen die Politiker dann zurechtkommen oder ihre eigenen Dolmetscher mitbringen. Die sitzen dann diskret hinter dem Politiker und flüstern ihm die Ausführungen seiner Kollegen ins Ohr.

Um das zu vermeiden, hat der Dolmetscherdienst im Herbst 2011 mit Tele-Dolmetschen begonnen. Die Übersetzer sitzen in einem anderen Raum und verfolgen die Gespräche nur über Bildschirme. Das erste Mal wurde diese Form des Dolmetschens beim Gipfeltreffen unter britischer Präsidentschaft 2005 im Londoner Palast Hampton Court getestet. Die Räume dort waren ebenfalls zu klein. Ein Mitarbeiter des Übersetzerdienstes erinnert sich, dass für die Dolmetscher extra der Innenhof überdacht wurde. Wochenlang wurden Kameras getestet, die für die Übertragung geeignet waren. Denn die Dolmetscher brauchten klare Bilder. Die historische Tapete im Sitzungssaal durfte wiederum nicht durch übermäßig viel Licht beschädigt werden.

Die Dolmetscher sind ganz nah dran am politischen Geschehen in Brüssel. Sie kennen die Verhandlungsergebnisse vor allen anderen und beobachten auch Streitigkeiten, die nie an die Öffentlichkeit gelangen. In der Geschichte der Europäischen Union gab es bisher keinen Fall, bei dem einem Dolmetscher nachgewiesen wurde, dass er politische Interna ausgeplaudert hätte. Deshalb gibt es keinerlei Geheimhaltungsklauseln in den Verträgen. Allerdings werden alle Dolmetscher, bevor sie verbeamtet werden, in ihren Heimatländern von den Sicherheitsbehörden überprüft, um sicherzugehen, dass sie militärisches oder sicherheitspolitisches Wissen, das während der Diskussionen ausgetauscht wird, nicht für terroristische oder geheimdienstliche Zwecke missbrauchen.

Beim Treffen der Staats- und Regierungschefs sind es immer die gleichen Dolmetscher-Teams. Sie müssen zur Verfügung stehen und werden im Notfall auch aus dem Urlaub geholt, wenn die Politiker zu einem außerordentlichen Gipfel nach Brüssel rufen – wie im Juli 2011. Damals suchten die Politiker nach Wegen aus der Finanzkrise.

Die Dolmetscher kennen die Sprachgewohnheiten der Politiker. Und sie eilen den Verhandlungsführern auch außerhalb der formellen Gespräche zu Hilfe. Der Chef der deutschen Kabine etwa hatte zu Zeiten Helmut Kohls die Anweisung, bei jeder Verhandlungsunterbrechung sofort in den Sitzungssaal zu kommen, um dem deutschen Bundeskanzler bei bilateralen Gesprächen zu helfen. Auch heute gibt es noch regelmäßig solche Anfragen.

Rund 1000 Dolmetscher arbeiten im Dienst der Europäischen Kommission. Sie kümmern sich um alle Treffen ihrer Behörde, aber auch um die Sitzungen im Rat. Nur das Europäische Parlament hat einen eigenen Dolmetscherdienst. Insgesamt gibt die Europäische Union jedes Jahr rund 1,2 Milliarden Euro für alle Übersetzeraufgaben aus. Das entspricht einem Prozent des gesamten EU-Haushalts.

Um Geld zu sparen, haben die EU-Kommissare die Sache für ihre Treffen vereinfacht. Sie haben sich schon vor Jahren auf drei Arbeitssprachen geeinigt: In ihren Sitzungen sprechen sie Deutsch, Englisch oder Französisch und es wird auch nur in diese drei Sprachen übersetzt. Erst wenn die Gesetzesvorschläge der Behörde ans Europäische Parlament geschickt werden, werden sie in alle 24 Amtssprachen übersetzt (→ 25).

Trotzdem fehlen dem Dolmetscher- und Übersetzerdienst der Europäischen Union Mitarbeiter. Weil die erste Generation der Dolmetscher, die in den Jahren nach der Gründung eingestellt worden ist, nach und nach das Rentenalter erreicht, müssen rund die Hälfte der Jobs für die «alten» EU-Sprachen wie Deutsch, Französisch und Italienisch in den kommenden zehn Jahren neu besetzt werden.

82. Wie wird man EU-Beamter? Die Europäische Kommission und das Europäische Parlament inserieren nicht in großen Tageszeitungen. Die gesamte Auswahl läuft über das Europäische Amt für Personalauswahl (EPSO). Die «Concours» für die Posten in der Verwaltung werden alle ein bis zwei Jahre ausgeschrieben. Für die Session 2010 haben sich über 50 000 Bewerber aus allen EU-Mitgliedsstaaten angemeldet. In der Regel kündigt EPSO die Auswahlverfahren auf seiner Internetseite an. Neben dem allgemeinen Concours gibt es spezielle Wettbewerbe zum Beispiel für Archivare, Pressesprecher oder

Übersetzer. Für fast alle Jobs ist ein Hochschulabschluss notwendig. Oft verlangt EPSO mehrere Jahre Berufserfahrung in dem Bereich, für den man sich bewerben will. EU-Entwicklungshelfer müssen zum Beispiel bereits mindestens sechs Jahre als Teamleiter in der Entwicklungsarbeit tätig gewesen sein.

Außerdem müssen alle Bewerber grundsätzlich mindestens eine EU-Amtssprache sehr gut und mindestens eine weitere zufriedenstellend beherrschen. Teilnehmen dürfen nur Personen, die die Staatsangehörigkeit eines EU-Mitgliedslandes besitzen.

Erst wenn diese Voraussetzungen erfüllt sind, wird der Bewerber zum eigentlichen Auswahlverfahren zugelassen. Das besteht aus zwei Teilen: Die erste Prüfung, die im Heimatland abgenommen wird, ist eine Art Intelligenztest. Außerdem werden fachliche Kenntnisse getestet. Für alle, die diese Prüfung bestehen, geht es dann nach Brüssel zu einer zweiten schriftlichen Prüfung, bei der vor allem die Kenntnisse der Europäischen Union und ihrer Institutionen abgefragt werden.

Die Ansprüche sind gewaltig. Die Prüfungen werden in zwei Sprachen durchgeführt. Übrig bleiben meist nur ein paar hundert Bewerber, und die haben trotzdem keine Garantie, dass sie tatsächlich einen Job bei der Europäischen Union bekommen. Sie landen lediglich auf einer Liste, aus der die Institutionen Kandidaten für offene Stellen auswählen können. Um eine davon zu bekommen, muss der Bewerber erst noch das Vorstellungsgespräch überstehen. Wenn er dann eingestellt wird und neun Monate Probezeit hinter sich hat, bekommt er endlich seine Anstellung als Beamter auf Lebenszeit.

Eine Ausnahme sind in diesem Verfahren die Assistenten der Abgeordneten im Europäischen Parlament. Da diese persönlich und parteipolitisch mit ihrem Chef auf gleicher Wellenlänge liegen sollten, dürfen die Abgeordneten ihre Mitarbeiter direkt aussuchen. Nach der Anstellung gelten für sie aber die gleichen Regeln wie für alle anderen Beamten.

Aus Deutschland kommen derzeit nur rund fünf Prozent der Kandidaten für die Auswahlverfahren. Und das, obwohl die Deutschen rund 15 Prozent der gesamten EU-Bevölkerung ausmachen.

83. Verdienen die europäischen Beamten zu viel? Im Sommer 2010 sorgte die Forderung der EU-Beamten nach einer saftigen Gehaltserhöhung für eine Welle der Empörung in vielen EU-Ländern.

«Gier-Gehalt» titelte die BILD-Zeitung und prangerte in ihrem Artikel an, dass EU-Beamte trotz ihres schon sehr stattlichen Gehalts mitten in der Wirtschafts- und Finanzkrise mehr Geld haben wollten. Regelmäßig gerät die Besoldung der Beamten in die Kritik: zu viel Geld, zu viele Urlaubstage, zu wenige Steuern. Die Liste der Vorwürfe ist lang.

Nach einer Studie, die die Europäische Kommission im Jahr 2000 in Auftrag gegeben hat, verdienen die EU-Beamten kaum mehr als die Bediensteten bei anderen internationalen Organisationen wie den Vereinten Nationen und der NATO. In der Besoldungsgruppe A 2 zum Beispiel verdient der Beamte in der Europäischen Kommission nach dieser Studie 84 725 Euro im Jahr. Bei der UNO kommt man auf 83 136; bei der NATO auf 95 379. Die Gehälter sind also durchaus vergleichbar. In der freien Wirtschaft werden sogar doppelt so hohe Gehälter gezahlt.

Auch die Lohnerhöhungen sind nicht unmäßig. 2010 stieg die Bezahlung nur um 0,1 Prozent. Die Inflation in Brüssel, dem Standort der meisten EU-Beamten, betrug in der gleichen Zeit 2,4 Prozent.

Dennoch: Die EU-Beamten verdienen gut und bekommen zu ihrem Grundgehalt zahlreiche zusätzliche Sondervergütungen. Das monatliche Gehalt für die rund 32 000 Brüsseler Beamten liegt zwischen 2300 Euro für einen Büroboten und rund 18 000 Euro für einen Generaldirektor. 16 Prozent mehr Gehalt gibt es, wenn die Person für ihre Arbeit ihr Heimatland verlassen musste. Außerdem bezahlt die Europäische Union Familienzulagen, zum Beispiel einen Zuschuss zum Schulgeld.

Auf ihr Grundgehalt müssen alle EU-Beamten eine EU-Steuer bezahlen, die – je nach Höhe ihres Gehalts – zwischen acht und 45 Prozent liegt. Auch das ist vergleichbar mit den Steuersätzen in den EU-Mitgliedsländern. Allerdings sind die üppigen Zulagen von der Steuer ausgenommen.

Außerdem haben die Beamten zusätzlich zu ihrer Bezahlung einige Sonderprivilegien. Die Europäische Kommission schließt zum Beispiel eine Woche in der Weihnachtszeit und vier bis fünf Tage über Ostern. Alle Beamten haben in dieser Zeit frei, müssen dafür aber keinen Urlaub nehmen.

Den Streit um die Gehaltserhöhung 2010 entschied letztendlich der Europäische Gerichtshof in Luxemburg: Die Beamten haben nach den EU-Verträgen ein Recht auf 3,7 Prozent mehr Geld, sagten die Richter. Die Erhöhungen ergeben sich aus der Entwicklung der Kaufkraft in acht EU-Staaten, darunter auch Deutschland. Die Wirtschaftskrise sei kein ausreichender Grund, um die Regeln auszusetzen, meinten die Richter. Ihr Urteil war nicht ganz uneigennützig, denn auch sie sind EU-Beamte und profitieren von der Erhöhung.

Die Europäische Kommission will auch in Zukunft nicht auf entsprechende Gehaltserhöhungen verzichten. Immerhin einen kleinen Beitrag leisten die EU-Beamten nun zu den allgemeinen Sparanstrengungen: Die Arbeitszeit der Beamten wurde von 37,5 auf 40 Wochenstunden erhöht. Das Rentenalter soll von 63 auf 65 Jahre angehoben werden. Außerdem bezahlen die EU-Beamten eine Solidaritätsabgabe in Höhe von 5,5 Prozent ihres Gehaltes.

84. Warum verschwenden die EU-Beamten ihre Zeit mit der Krümmung von Gurken und Bananen? Nach einer Eurobarometer-Umfrage der Europäischen Kommission verbinden EU-weit 21 Prozent der Menschen die gemeinsame Union vor allem mit Bürokratie. In Deutschland sind es sogar 39 Prozent.

Tatsächlich haben die Europäischen Institutionen in den vergangenen Jahrzehnten eine unglaubliche Menge an Vorschriften produziert. In den 1980er Jahren wurden innerhalb von nur fünf Jahren knapp 300 Verordnungen und Richtlinien verabschiedet, die für einen funktionsfähigen Binnenmarkt sorgen sollten (→ 16). Dazu gehören auch die viel belächelten Normen für zahlreiche Produkte, zum Beispiel Obst und Gemüse. Die meisten Regeln sind aber nicht in einem dunklen Hinterzimmer der Europäischen Kommission entstanden, um die Industrie zu schikanieren. Im Gegenteil: In den meisten Fällen wünschen sich die Unternehmen selbst eine europäische Regelung, um ihre Produkte problemlos überall in der Europäischen Union verkaufen zu können. So war es auch bei der Gurke. Ihre Krümmung wurde auf maximal einen Zentimeter auf zehn Zentimeter Länge festgelegt. Spediteure, Produzenten und Supermarktketten wollten einheitlich geformtes Gemüse, das sich leichter transportieren und in genormten Kisten stapeln lässt. So war für alle am Verkaufsprozess Beteiligten klar: In eine Kiste passen grundsätzlich so und so viele gerade Gurken.

Über 10 000 solcher Normen hat die Europäische Union schon erlassen.

Mit den Jahren haben sich einige dieser Vorschriften überholt. Deshalb haben die EU-Mitgliedsstaaten gemeinsam mit der Brüsseler Kommission und den EU-Abgeordneten 2007 beschlossen, ein Programm für Bürokratieabbau zu starten. Der ehemalige bayerische Ministerpräsident Edmund Stoiber wurde zum obersten Bürokratie-Bekämpfer ernannt und bekam zu seiner Unterstützung eine Arbeitsgruppe mit Experten aus allen 28 Mitgliedsstaaten.

Die haben fleißig gearbeitet und über 300 Vorschläge zum Bürokratieabbau gemacht. Einige wurden bereits umgesetzt: Kleine Hotels und Pensionen mit weniger als zehn Betten müssen keine aufwändigen Gästestatistiken mehr führen. Die Regeln für die Umsatzsteuer für kleine und mittlere Unternehmen wurden vereinfacht.

Im Juli 2009 schaffte die Europäische Kommission die Normen für zahlreiche Obst- und Gemüsesorten ab. Seitdem darf die Gurke wieder krumm sein, der Rettich darf zwei Wurzeln haben und die Karotte verzweigt wachsen.

Genormt bleiben nur die 26 umsatzstärksten Sorten wie Äpfel, Birnen, Erdbeeren und Tomaten. Und obwohl krumme Gurken jetzt wieder erlaubt sind, will die offenbar niemand haben. Zum ganz großen Teil werden nur die Gurken in den Handel gebracht, die die ehemaligen Normen erfüllen. Denn weder die Supermärkte noch die Endverbraucher wollen krumme Gurken akzeptieren.

85. Was macht Eurostat? Briten und Deutsche sind die dicksten in der Europäischen Union. Litauer und Ungarn beklagen besonders viele Selbstmordfälle. Diese und ähnliche Erkenntnisse verdanken wir Eurostat.

Das Europäische Statistikamt mit Sitz in Luxemburg zählt und vermisst so ziemlich alles, was sich in der Europäischen Union befindet – und das bereits seit 1953. Dazu gehören die Lebenshaltungskosten und die Arbeitslosenzahlen ebenso wie die Produktion von Lebensmitteln und die Vorlieben der Europäer bei Urlaubsreisen.

Die Daten aus den 28 Mitgliedsstaaten zu vergleichen ist eine Herausforderung. Denn die Methoden, zum Beispiel um Arbeitslosigkeit zu messen, sind nicht überall gleich. Eurostat arbeitet daran, die Erhebungsmethoden zu harmonisieren, um tatsächlich Äpfel und Birnen miteinander vergleichen zu können.

Manchmal fördern die Meister der Zahlen Überraschendes zu

Tage: zum Beispiel, dass die Deutschen innerhalb der Europäischen Union die größte Käsenation sind. Sie liegen sogar vor den Franzosen, die doch für ihre Käsespezialitäten von Roquefort und Camembert bis zu Cantal und Comté weltweit bekannt sind. Zu einem echten französischen Menü gehört obligatorisch vor dem süßen Dessert eine Käseplatte. In Deutschland gibt es diese Tradition nicht, aber die Deutschen produzieren trotzdem über 1,9 Tonnen Käse pro Jahr. Die Franzosen schaffen nur 1,8 Tonnen.

Auch die meisten Schweine werden in Deutschland gemästet, und das Gros des Getreides in der Europäischen Union wird hier produziert. Dafür kommen zwei Drittel aller EU-Äpfel aus Polen, Italien und Frankreich. Und Italien und Spanien produzieren allein 80 Prozent aller EU-Orangen.

All diese Zahlen nutzen die EU-Politiker, um ihre politischen Entscheidungen zu begründen. Manchmal geht das aber gehörig schief. Das beste und folgenschwerste Beispiel dafür ist der Beitritt der Griechen zur Eurozone (→ 68).

In den 1990er Jahren mussten alle EU-Staaten ihre Wirtschaftsdaten nach Luxemburg melden. Dazu gehörten die Angaben über die Staatsverschuldung und die Inflation. Nur wenn diese Daten die Kriterien des Eurostabilitätspakts erfüllten, durfte das Land die gemeinsame Währung einführen.

Die Statistiker von Eurostat durften diese Daten nicht selbst erheben, sondern mussten sich auf die Lieferungen der Mitgliedsstaaten verlassen. Jahre später, als 2010 der Zusammenbruch der griechischen Staatsfinanzen den gesamten Euro in Gefahr brachte, wurde bekannt, dass die griechische Regierung die Zahlen in den 1990er Jahren manipuliert hatte.

Eurostat hatte darauf bereits vor der Euroeinführung in Fußnoten in den Berichten über Griechenland und in freundlichen Briefen an die Athener Regierung hingewiesen. Aber die Behörde hat keinerlei Sanktionsmöglichkeiten, und die EU-Politiker wollten keine Konsequenzen ziehen! Aus politischen und wirtschaftlichen Gründen wollten sie Griechenland dabeihaben – zur Not auch mit leicht getürkten Zahlen.

Als Eurostat 2004 in einem Bericht darauf hinwies, dass die griechische Regierung die Sozialausgaben des Staates seit Jahren deutlich zu niedrig ansetzt und gleichzeitig die Steuereinnahmen überschätzt, bat die Europäische Kommission die EU-Mitgliedsstaaten um mehr Macht für die EU-Statistikbehörde. EU-Kommissionspräsident José Manuel Barroso forderte, seine Statistiker müssten die Erlaubnis bekommen, die Daten der Mitgliedsländer vor Ort zu prüfen. Aber die Mitgliedsländer lehnten ab. Sie wollten sich nicht in ihre Bücher gucken lassen. Erst nach dem Ausbruch der Finanzkrise stimmten sie dem Vorschlag schließlich zu. Die griechischen Schummeleien waren da schon nicht mehr auszugleichen.

86. Was ist das Besondere an Europäischen Schulen? In diesen Schulen, die eigens für die Kinder der EU-Beamten eingerichtet worden sind, wird in bis zu zwölf Sprachen unterrichtet. Jeder Schüler soll die Möglichkeit bekommen, den Hauptfächern in seiner Muttersprache zu folgen. Besonders viele Angebote gibt es in Brüssel und Luxemburg. Im Großherzogtum können die Kinder ihre Fächer in Deutsch, Dänisch, Englisch, Spanisch, Finnisch, Französisch, Italienisch, Niederländisch, Polnisch, Portugiesisch, Griechisch oder Schwedisch belegen.

Die Sprache ist nach Auffassung der Gründer ein Schlüssel für eine bessere Verständigung und mehr Verständnis untereinander. Deshalb müssen alle Schüler ab der ersten Grundschulklasse eine Fremdsprache (Deutsch, Englisch oder Französisch) erlernen. Später kommt eine weitere Pflichtsprache hinzu. Die Fächer Geografie und Geschichte werden für alle grundsätzlich in Deutsch, Englisch oder Französisch unterrichtet.

Auch der übrige Stundenplan ist europäischer als in den meisten nationalen Schulen. Schon in der Grundschule lernen sich die Kinder aus den verschiedenen Mitgliedsstaaten in einer wöchentlichen «europäischen Stunde» kennen, in der sie zum Beispiel Lieder aus den verschiedenen Ländern singen.

So sollen überzeugte Europäer ausgebildet werden: «Zusammen erzogen, von Kindheit an von den trennenden Vorurteilen unbelastet, vertraut mit allem, was groß und gut in den verschiedenen Kulturen ist, wird ihnen, während sie heranwachsen, in die Seele geschrieben, dass sie zusammengehören. Ohne aufzuhören, ihr eigenes Land mit Liebe und Stolz zu betrachten, werden sie Europäer, geschult und bereit, die Arbeit ihrer Väter vor ihnen zu vollenden und zu verfestigen, um ein vereintes und blühendes Europa entstehen zu lassen.» Dieses gemeinsame Credo wird in den Grundstein jeder Europäischen Schule gemeißelt.

Die erste Europäische Schule wurde 1953 eher aus Notwendigkeit denn aus politischer Überzeugung eröffnet. Die Kinder der ersten EU-Beamten konnten dem Luxemburger Schulsystem nicht folgen und brauchten eine Alternative. Außerdem sollte ihnen nicht der Weg zurück in ihr jeweiliges nationales Schulsystem verbaut werden. Im ersten Jahr besuchten 70 Schüler die Schule. Mittlerweile gibt es 14 Europäische Schulen, an denen über 24 000 Schüler unterrichtet werden. Am Ende steht das Europäische Abitur, das ihnen den Zugang zu Hochschulen in der gesamten Union gewährleistet. Priorität haben die Kinder der EU-Beamten. Nur wenn Plätze frei sind, werden auch andere Schüler zugelassen.

Die Europäischen Schulen geraten immer wieder in die Schlagzeilen, weil sich die EU-Mitgliedsstaaten verpflichtet haben, den Großteil der Kosten zu übernehmen, obwohl die Schulen weitgehend den Beamtenkindern vorbehalten sind. In Brüssel hat allein der Umbau der vierten Europäischen Schule rund 60 Millionen Euro gekostet – finanziert von den belgischen Steuerzahlern. Die Europäische Union übernimmt nur die Kosten für die Ausstattung.

Die Europäische Union und die Welt

87. Wie wird entschieden, wer der Europäischen Union beitreten darf? In der Anfangszeit der europäischen Integration entschieden die Mitgliedsstaaten von Fall zu Fall. Damals hieß es nur, dass der Beitritt allen europäischen Ländern offensteht, die die Werte der Gemeinschaft akzeptieren.

Seit 1993 gibt es feste Regeln: Damals einigten sich die Mitgliedsstaaten auf die so genannten «Kopenhagener Kriterien». Diese sollten die Erweiterung der Union nach Osten vorbereiten und eine Grundlage für alle weiteren Verhandlungen mit Beitrittskandidaten schaffen.

Die Kopenhagener Kriterien verlangen, dass das Kandidatenland Demokratie und Rechtsstaatlichkeit fördert, die Menschenrechte wahrt und Minderheiten schützt. Es muss außerdem eine funktionierende Marktwirtschaft vorweisen und zeigen, dass es dem Wettbewerbsdruck innerhalb der Union standhalten wird. Darüber hinaus muss sich der Staat bereit erklären, nach seinem Beitritt das gesamte

EU-Recht zu übernehmen. Dazu gehört die gemeinsame Währungspolitik genauso wie der europäische Haftbefehl oder die Sicherung der Außengrenzen.

Nicht nur das Beitrittsland, auch die Europäische Union muss ausreichend auf den Beitritt vorbereitet sein. Das heißt, ihre Institutionen müssen in der Lage sein, ein weiteres Land aufzunehmen.

Neben diesen Grundregeln können die Mitgliedsstaaten länderspezifische Forderungen aufstellen. Serbien musste zum Beispiel erst den vom Internationalen Strafgerichtshof gesuchten Kriegsverbrecher Ratko Mladić ausliefern, bevor die Europäische Union das Land als Beitrittskandidaten akzeptierte.

Die eigentlichen Beitrittsverhandlungen werden in Kapitel unterteilt und nach und nach abgearbeitet. Die Europäische Kommission legt regelmäßig Fortschrittsberichte vor, in denen sie darlegt, wie weit der Kandidatenstaat die Standards der Gemeinschaft bereits umgesetzt hat. Die Mitgliedsstaaten entscheiden daraufhin, wie mit den Verhandlungen weiter verfahren werden soll.

Wenn alle Verhandlungskapitel zu beiderseitiger Zufriedenheit abgeschlossen sind, beschließen das Europäische Parlament und die bisherigen EU-Mitgliedsstaaten den Beitritt des Landes.

Damit ist die Sache aber noch nicht entschieden. Der Beitritt muss in allen Mitgliedsländern ratifiziert werden. In den meisten Staaten – darunter auch Deutschland – geschieht das durch eine Abstimmung im Parlament. In Frankreich kann der Staatspräsident eine Volksabstimmung durchführen.

Und zu guter Letzt muss auch das Parlament oder die Bevölkerung im Kandidatenland dem Beitritt zustimmen. Das ist nicht immer der Fall, wie die mehrfachen Ablehnungen der Norweger gezeigt haben.

88. Was bringt ein Freihandelsabkommen zwischen der EU und den USA? Als der US-Präsident Barack Obama im März 2014 auf eine Stippvisite nach Brüssel kam, lag die Stadt in Teilen stundenlang lahm. Leute, die gerade zum Shoppen unterwegs waren, durften die Geschäfte zwei Stunden lang nicht mehr verlassen – aus Sicherheitsgründen. Ganze Straßenzüge blieben stundenlang gesperrt – sogar für Fußgänger und den ganzen Nachmittag dröhnten Helikopter-Rotoren über der Stadt.

Obama kam nur für ein paar Stunden. Ein Thema, über das er mit den Präsidenten der Europäischen Kommission und des Europäischen Rates geredet hat, war das geplante Freihandelsabkommen zwischen der EU und den USA – kurz TTIP.

Knapp ein Jahr zuvor hatten Obama, Barroso und auch Angela Merkel TTIP als das transatlantische Zukunftsprojekt aus der Taufe gehoben. Auf beiden Seiten des Atlantiks wurde die engere wirtschaftliche Kooperation als Weg aus der Krise, als Job- und Wachstumsmotor verkauft.

Ein Jahr später ist von dieser Euphorie nur noch wenig zu spüren. Der Widerstand gegen das Abkommen wächst. Nichtregierungsorganisationen wie Campact sammeln Unterschriften gegen den Vertrag mit den US-Amerikanern und mehrere Hunderttausend Europäer haben die Petitionen bereits unterschrieben. Die Verhandlungen gerieten ins Stocken. Auch deshalb ist Obama nach Brüssel gekommen, um den EU-Politikern klar zu machen: Das muss weitergehen. TTIP muss kommen.

Worum geht es eigentlich? Schon jetzt gibt es intensiven Handel zwischen der EU und den USA. Zollschranken existieren kaum noch. Der Handel, vor allem der Import von US-amerikanischen Waren in den EU-Binnenmarkt, wird vielmehr von so genannten nichttarifären Vorgaben eingeschränkt. Dazu gehören zum Beispiel Standards im Umwelt- und Verbraucherschutz oder Regeln für die Landwirtschaft.

Diese Hemmnisse sollen nun abgebaut werden und genau hier liegt auch ein Problem des Vertrags. Es besteht die Gefahr, dass die europäischen Standards einfach wegverhandelt werden. Die Behandlung von Geflügel mit Chlor, wie sie in den USA üblich ist, ist nur ein Beispiel von vielen. Auch der Import von gentechnisch veränderten Lebensmitteln dürfte erleichtert werden genauso wie der Gebrauch von Zusätzen in Futtermitteln wie Antibiotika. Und auch im Datenschutz sind – das wissen wir spätestens seit den Enthüllungen von Edward Snowden – unsere Standards wesentlich höher als in den USA.

Deshalb stellen sich immer mehr Nichtregierungsorganisationen, Verbraucherschützer und auch einige Parteien wie die Linke oder die Grünen gegen das Abkommen.

Ob TTIP tatsächlich mehrere Hunderttausend Jobs in der EU schaffen wird, ist unklar. Auch die EU-Kommission ist mittlerweile vorsichtiger geworden mit ihren Vorhersagen.

Denn zumindest im Bereich der Landwirtschaft könnte die unbegrenzte Öffnung der Märkte für US-amerikanische Produkte auch einen Verlust an Arbeitsplätzen bedeuten. Warum?

In den USA gibt es im Vergleich zur EU auf der doppelten Fläche nur halb so viel Betriebe. Die Höfe sind wesentlich industrieller organisiert. Die vielen bäuerlichen Betriebe, die wir auch in Deutschland haben, werden sich gegen diese Mega-Konkurrenz, die ihre Produkte natürlich zu sehr viel geringeren Preisen anbieten kann, auf Dauer kaum behaupten können.

Bevor also die Märkte geöffnet werden, sollten die Europäer sich in jedem Fall darauf verständigen, welche Standards sie auch in Zukunft beibehalten wollen.

89. Wie sichert die Europäische Union ihre Außengrenzen? Griechenland hat an der Landesgrenze zur Türkei einen 10 Kilometer langen und vier Meter hohen Zaun gebaut. Er soll die Europäische Union vor dem Zustrom von illegalen Einwanderern schützen. 60 Prozent der Migranten kamen vorher über diese Grenze in die Gemeinschaft. Die Abwehr von Flüchtlingen ist oberste Priorität der europäischen Grenzschützer.

Jeder Mitgliedsstaat ist für die Kontrolle seiner Grenzen selbst zuständig. Aber die Länder, die am Rand der Europäischen Union liegen, übernehmen zusätzlich die Verantwortung für den Schutz der gesamten Gemeinschaft. Deutschland hat außer an den Flughäfen überhaupt keine Außengrenzen mehr. Die Zoll- und Personenkontrollen für Deutschland übernehmen die Zöllner in den Grenzländern wie Rumänien, Polen, Spanien und eben Griechenland.

Kein EU-Land kann sich weigern, entsprechende Grenzkontrollen durchzuführen. Zur Sicherung der Außengrenzen haben sich alle Mitglieder mit der Unterzeichnung des Schengener Abkommens verpflichtet. Neben den Personenkontrollen gehört dazu auch der Kampf gegen Schmuggel. Nach Angaben der Europäischen Kommission haben die Grenzbeamten 2010 an den EU-Außengrenzen (dazu gehören auch die Flughäfen) über 103 Millionen Produkte sichergestellt, die in die Europäische Union geschmuggelt werden sollten: Arzneimittel, Zigaretten, Büromaterial, Kleidung und Spielzeug. Die Schmuggler wollen die Einfuhrzölle umgehen. Seit 1968 organisieren die EU-Mitgliedsstaaten diese Zollkontrollen gemeinsam – unter anderem mit Hilfe des Europäischen Amts für Betrugsbekämpfung (Olaf) in Brüssel (→ 68).

Ein Flüchtlingsboot mit illegalen Einwanderern vor der Küste Maltas

Für den besseren Schutz der Außengrenzen hat die Europäische Union 2005 eine weitere Behörde gegründet: Frontex mit Sitz in Warschau. Mit dieser gemeinsamen Grenzschutzagentur wollen die Mitgliedsländer die Last und die Kosten für die Kontrolle der Außengrenzen gerechter verteilen.

Frontex unterstützt die Mitgliedsstaaten bei der Überwachung der Außengrenzen in ganz verschiedenen Bereichen: Rund 270 Mitarbeiter sammeln Daten über die Einwanderungswege in die Europäische Union und geben den Mitgliedsländern Hinweise, an welchen Stellen die Kontrollen verstärkt werden sollten.

Die Behörde organisiert außerdem gemeinsame Ausbildungsseminare für Grenzschützer und koordiniert die Kooperation zwischen einzelnen Staaten.

Im Herbst 2011 haben die Mitgliedsstaaten beschlossen, die Kompetenzen von Frontex zu erweitern: Die Behörde kann jetzt selbst Material für den Grenzschutz anschaffen – zum Beispiel Schiffe oder Helikopter zur Überwachung der Grenzen.

Und Frontex darf eigenständig Abkommen mit Drittstaaten schließen. In diesen Verträgen wird meistens die Rückführung von Flüchtlingen geregelt. Solche Abkommen gab es bisher nur zwischen einzelnen Staaten, zum Beispiel zwischen Italien und Libyen. Die Libyer verpflichteten sich, ihre Grenzen stärker zu kontrollieren und Flüchtlinge, die über Libyen in die Europäische Union ausgereist sind, wieder zurückzunehmen. Dafür bekam die libysche Regierung Geld aus Italien.

Frontex ist längst auch selbst im Grenzschutz vor Ort tätig: Von November 2010 bis März 2011 waren rund 200 Grenzschützer aus 26 Mitgliedsstaaten an der griechisch-türkischen Landesgrenze in der Evros-Region im Einsatz. Dazu gehörten Hundeführer und Übersetzer.

Im Februar 2011 schickte Frontex Grenzschützer auf die italienische Mittelmeerinsel Lampedusa. An der «Operation Hermes» beteiligten sich elf EU-Staaten sowie die Schweiz mit Personal, Schiffen und Flugzeugen. Ähnliche Einsätze gab es auch auf den Kanarischen Inseln.

Immer wieder kritisieren Menschenrechtsorganisationen die Frontex-Einsätze. Sie werfen den Grenzschützern vor, die Flüchtlinge im Mittelmeer nicht aus Seenot zu retten, sondern sie zur Umkehr in ihre Herkunftsländer zu nötigen. Die Menschenrechtsorganisation Human Rights Watch hat im Herbst 2011 in einem Bericht zahlreiche Menschenrechtsverletzungen durch Frontex dokumentiert. Es sei inakzeptabel, schrieben die Menschenrechtsaktivisten, dass Frontex-Grenzschützer mithelfen, illegale Einwanderer in überfüllte Auffanglager in Griechenland zu bringen, wo die Flüchtlinge in menschenunwürdigen Verhältnissen leben müssten.

90. Kann die EU die Daten ihrer Bürger überhaupt schützen?
Seit den Enthüllungen des ehemaligen Mitarbeiters des US-amerikanischen Geheimdienstes NSA, Edward Snowden, im Sommer 2013, ist das mehr als fraglich. Der ehemalige US-Spitzel machte öffentlich, in welchem Ausmaß und mit welch ausgefeilter Logistik der amerikanische Geheimdienst seit Jahren europäische Bürger und Politiker systematisch ausspionierte. Die gewonnenen Daten wurden von der Behörde auf Vorrat gespeichert. Sogar Gebäude der Europäischen Union und der Vereinten Nationen sollen mit Wanzen ausspioniert worden sein. Auch das Handy der deutschen Bundeskanzlerin Angela Merkel war offenbar vor den Spionen aus Washington nicht sicher. Ob in der Zwischenzeit alle Spionage-Tätigkeiten öffentlich geworden sind, ist unklar. Noch immer kommen neue Details ans Tageslicht. So wurde auch der belgische Mobilfunk-Anbieter Proximus Opfer einer Spionage-Attacke. Zu seinen Kunden gehören auch die Europäischen Institutionen in Brüssel.

Seitdem streiten die EU-Politiker über eine angemessene Reaktion auf diese Enthüllungen.

Das Europäische Parlament forderte etwa, bestehende Abkommen mit den USA wie das so genannte Swift-Abkommen zur Weitergabe von Bankdaten oder den Vertrag über die Weitergabe von Flugpassagierdaten an die amerikanischen Behörden aufzukündigen. Die EU-Staats- und Regierungschefs folgten dieser Aufforderung aber nicht. Auch der in Brüssel eingesetzte Sonderausschuss zur Aufklärung der NSA-Affäre, der sogar Edward Snowden schriftlich befragte, brachte nicht viel Neues. Die Europäer zögern, wenn es um konkrete Schritte gegen die US-amerikanische Regierung geht.

Im Europäischen Parlament wurde unterdessen die neue EU-Datenschutz-Grundverordnung verabschiedet. Diese soll die Daten und die Privatsphäre aller EU-Bürger in Zukunft besser schützen. So ist in der Verordnung beispielsweise ein Recht auf Vergessen im Internet festgeschrieben. Alle Informationen sollen – auf Wunsch des Nutzers – wieder aus dem Internet gelöscht werden. Außerdem soll etwa für Internetfirmen der Datenschutz gelten, der in dem Land des Nutzers üblich ist. So würden auch US-amerikanische Firmen darunter fallen. Allerdings ist fraglich, ob sich auch Geheimdienste an diese Regeln halten werden. Noch fehlt außerdem die Zustimmung der EU-Mitgliedsstaaten.

Edward Snowden hat von seinen Veröffentlichungen bisher wenig gehabt. Er floh im Sommer 2013 über Hongkong schließlich nach Moskau, wo er politisches Asyl bekam. Seitdem lebt er in Russland. Nichtregierungsorganisationen und einige Parteien wie die Grünen fordern immer wieder Asyl für Snowden in einem EU-Land, konnten sich damit bisher aber nicht durchsetzen.

91. Was bedeutet das «Dublin-III-Abkommen»? Es ist noch dunkel in den Straßen von Athen, kurz vor sechs in der Früh. Aber Simin Ahmadi ist bereits unterwegs. Ihre beiden Töchter, drei und vier Jahre alt, schiebt sie in einem wackeligen Buggy vor sich her. Sie hätte die beiden lieber schlafen lassen, aber in Athen haben nur Frühaufsteher eine Chance auf Asyl. Und die will die Familie aus Afghanistan nutzen. Vor der zuständigen Polizeistation hat sich bereits eine über 50 Meter lange Schlange gebildet: Familien wie die Ahmadis, junge Männer, alte Frauen. Sie alle wollen Asyl beantragen. Sie warten auf die Polizisten, die jeden Morgen zehn oder zwölf Leute mitnehmen, die vorsprechen dürfen. Die anderen werden weggeschickt. Die Ahmadis waren schon drei Mal da. Aber auch diesmal werden sie abgewiesen. Sie kehren zurück in ihre Bleibe – ein kaltes Zimmer oben auf einem Athener Flachdach: vier Quadratmeter groß ohne fließendes Wasser oder Strom.

Damit geht es den Ahmadis noch gut. Viele Asylbewerber müssen in Griechenland auf der Straße leben oder in überfüllten Notunterkünften. Die Bearbeitung der Anträge dauert meist mehrere Jahre. Obwohl die griechische Regierung 2012 einen neuen Asyldienst eingesetzt hat, hat sich die Bearbeitungszeit nicht verbessert. Jedes Jahr werden nur wenige Hundert von über 50 000 Anträgen beantwortet.

Dennoch schicken die anderen EU-Mitgliedsstaaten immer wieder Asylbewerber wie die Ahmadis zurück nach Athen. So will es das Dublin-III-Abkommen. Diese EU-Regel schreibt seit 2003 vor, dass Asylbewerber ihren Antrag in dem Land stellen müssen, über das sie in die EU eingereist sind. Die Ahmadis hatten es eigentlich schon bis nach Österreich geschafft. Aber in Griechenland waren die Ahmadis bei der Ankunft registriert, ihre Fingerabdrücke in die Datenbank Eurodac eingespeist worden. So konnten die Österreicher ihre Reiseroute zurückverfolgen und steckten die Familie in den nächsten Flieger nach Athen.

Mittlerweile zweifeln nicht nur Nichtregierungsorganisationen wie Pro Asyl diese Praxis an. Der Europäische Gerichtshof für Menschenrechte hat die Bedingungen für Asylbewerber in Griechenland als Verstoß gegen die Europäische Menschenrechtskonvention bewertet. Deutschland hat daraufhin die Abschiebungen vorerst ausgesetzt. Aber grundsätzlich wollen die EU-Mitgliedsstaaten an der Dublin-Regel festhalten. Andernfalls fürchten sie einen Ansturm von Flüchtlingen in ihren Ländern. 2013 haben sie die Regel deshalb nur marginal überarbeitet. Seitdem heißt es «Dublin-III». Geändert hat sich für die Flüchtlinge dadurch aber praktisch nichts. Die Mitgliedsstaaten haben sich lediglich darauf verständigt, dass regelmäßig überprüft werden soll, ob die Zustände in bestimmten Ländern die Abschiebung zulassen oder nicht.

92. Wen muss ich anrufen, wenn ich die Europäische Union anrufen will? «Who do I call, when I want to call Europe?» – «Wen muss ich anrufen, wenn ich Europa anrufen will?» Das fragte sich schon der damalige amerikanische Außenminister Henry Kissinger Anfang der 1970er Jahre. Für den Amerikaner mit deutschen Wurzeln war es einfach nicht verständlich, dass die europäischen Länder nicht so funktionierten wie die Vereinigten Staaten von Amerika mit einem Präsidenten und einem Außenminister an der Spitze.

Damals war das europäische Bündnis noch jung und klein. 1973 waren gerade erst das Vereinigte Königreich, Irland und Dänemark beigetreten. Insgesamt umfasste die Europäische Union, die damals noch den Titel «Europäische Gemeinschaften» trug, neun Länder. Die waren vor allem damit beschäftigt, den Binnenmarkt aufzubauen, also Handel und Reisen untereinander zu erleichtern. An eine gemeinsame Außen- und Sicherheitspolitik dachte noch niemand.

Kissinger musste sich also tatsächlich durch die Hauptstädte der europäischen Länder telefonieren, wenn er etwas mit den Europäern besprechen wollte. Es konnte durchaus sein, dass er in Berlin und Paris eine ganz andere Meinung zu hören bekam als in Rom oder Kopenhagen.

Seitdem ist die Europäische Union (zusammen-)gewachsen. Sie zählt 28 Mitgliedsstaaten, und die sind in vielen Bereichen näher zusammengerückt – auch in der Außenpolitik. Allerdings hätte es Kissinger heutzutage auch nicht viel leichter. Denn den einen Ansprechpartner gibt es in der Europäischen Union immer noch nicht. Zwar hat sie seit dem Vertrag von Lissabon eine Art europäische Außenministerin (→ 93) und sogar einen Präsidenten des Europäischen Rates (→ 20). Aber weder die eine noch der andere haben tatsächlich das Recht, im Namen aller 28 EU-Mitgliedsstaaten zu sprechen. Sie erfüllen eher repräsentative Aufgaben – ähnlich wie der deutsche Bundespräsident. Im Namen aller EU-Staaten dürfen sie nur auftreten, wenn sie dafür ein einstimmiges Mandat bekommen haben.

Auch 50 Jahre nach der Gründung des europäischen Bündnisses hat die amerikanische Außenministerin Hillary Clinton ihre Schwierigkeiten, wenn sie die *eine* europäische Meinung hören will. Auch sie muss die einzelnen Regierungen abtelefonieren. Und dass die Meinungen widersprüchlich sein können, das haben zahlreiche Beispiele in den vergangenen Jahren gezeigt: Im Irak-Krieg sprangen Spanien und England 2003 den Amerikanern zur Seite – gegen den Willen der Deutschen und der Franzosen. Sie organisierten ohne Rücksprache mit Berlin und Paris ein Treffen mit dem damaligen US-Präsidenten George Bush auf den Azoren.

Kissingers Satz und sein Wunsch nach mehr Einheit in Europa bleiben also aktuell. Der ehemalige Außenminister kann sich übrigens nicht mehr erinnern, den Satz jemals gesagt zu haben. Aber er habe auch nichts dagegen, dass er ihm zugeschrieben wird. Es sei schließlich, sagt Kissinger, «ein kluger Satz».

93. Ist Catherine Ashton eine gute EU-Außenministerin? Als die britische Baronin, die seit 2009 offiziell für die EU-Außenpolitik zuständig ist, Ende September 2011 in New York zur Pressekonferenz einlud, wollte sie ihren ersten diplomatischen Erfolg verkünden: Unter ihrer Führung hatte sich das Nahost-Quartett auf eine gemeinsame Erklärung zum Israel-Palästina-Konflikt geeinigt.

Auf eineinhalb Seiten erklärten die Mitglieder des Quartetts, Russland, die USA, die Vereinten Nationen und die Europäische Union, dass Israelis und Palästinenser binnen vier Wochen Gespräche aufnehmen und für die einjährige Dauer der Verhandlungen auf «provokative Handlungen verzichten» sollten. Am Ende der Verhandlungen sollte die Gründung eines Palästinenserstaats stehen. Das war der erste konkrete Ansatz für Friedensgespräche seit Monaten. Ashton konnte sich freuen.

Sie hatte sich durchgesetzt im Nahost-Quartett. Für die Europäische Union hat Ashton damit einen Platz im internationalen Diplomatie-Zirkus erstritten. Das ist keine Selbstverständlichkeit. Denn bevor sich Ashton mit ihren internationalen Partnern unterhalten kann, muss sie zunächst innerhalb der Europäischen Union für eine gemeinsame Linie sorgen. Das wird ihr nicht einfach gemacht.

Eigentlich könnte Ashton den Titel «Europäische Außenministerin» tragen. Dass sie stattdessen den komplizierten und nichtssagenden Namen «Hohe Vertreterin für Außen- und Sicherheitspolitik» trägt, ist den Bedenken der Mitgliedsstaaten geschuldet. Sie wollten eine Konkurrenz zu ihren eigenen Außenministern verhindern und erst gar nicht den Verdacht aufkommen lassen, dass die Europäische Kommission eine Art EU-Regierung mit einem eigenen Außenminister sein könnte.

Für Ashton bedeutet das: Sie hat weniger Durchsetzungskraft als eine Außenministerin und muss sich ständig rückversichern, dass ihre Position von allen EU-Mitgliedsstaaten mitgetragen wird.

Wie schwierig das ist, zeigt der Fall Israel–Palästina. Die 28 Mitgliedsstaaten sind sich keineswegs einig, ob sie einen palästinensischen Staat anerkennen wollen oder nicht. Die Niederländer, Tschechen und Bulgaren etwa sind gegen eine Anerkennung. Spanier und Briten dagegen unterstützen den Wunsch der Palästinenser prinzipiell.

Ashton versucht, diplomatische Kompromisse zu finden. Ihr Kalkül: Wenn sich Israel und Palästinenser sozusagen alleine auf die Einrichtung des Palästinenserstaats einigen, hätte auch die Europäische Union mit der Anerkennung kein Problem mehr.

Der Vorstoß in New York war Ashtons erster bemerkenswerter Auftritt. Im ersten Jahr ihrer Amtszeit war sie vor allem damit beschäftigt gewesen, den Auswärtigen Dienst, also sozusagen ihr Ministerium, in Gang zu bringen. Bis Ende 2011 waren ihre Brüsseler Mitarbeiter auf acht Gebäude verteilt. Die Kommunikation zwischen den Beamten, die aus der EU-Kommission, dem Rat und den Mitgliedsstaaten kommen, funktionierte nicht einwandfrei. Sogar die Computerprogramme waren nicht aufeinander abgestimmt. Das sollte sich mit dem Umzug in ihr neues Hauptquartier Anfang 2012 ändern.

Doch mit Konkurrenten in 28 Außenministerien bleibt es trotzdem schwierig. Und ihren kleinen Triumph in New York zerstörte die israelische Regierung: Nur vier Tage nach der Erklärung des Nahost-Quartetts kündigte der israelische Regierungschef Benjamin Netanjahu an, dass er im arabisch geprägten Ostteil von Jerusalem über 1000 neue Wohnungen für Israelis bauen wolle – eine weitere Ohrfeige für den Friedensprozess.

Ashton verurteilte dieses Vorgehen. Mehr konnte sie nicht tun. Die Nahostpolitik der Europäischen Union hatte wieder einmal einen herben Rückschlag erlitten.

94. Wieso mischt sich die Europäische Union in die Politik ihrer Nachbarn – zum Beispiel der Ukraine – ein? Es hätte der Erfolgsmoment der EU-Außenpolitik in der unmittelbaren Nachbarschaft werden sollen und es wurde der Anfang einer langen, tiefen Krise im Osten der Gemeinschaft: Der Vilnius-Gipfel im November 2013.

Geplant war, dass die Europäische Union in Litauen das so genannte Assoziierungsabkommen mit der Ukraine unterzeichnet. Diese Abkommen sind die engste Bindung an die Europäische Union – abgesehen vom Beitritt. Sie sehen eine Angleichung der Rechtsvorschriften, Normen und Standards vor, die schrittweise zur

Integration in den EU-Binnenmarkt führt. Außerdem verpflichtet sich das Land zu demokratischen Reformen und dazu, gegen Korruption vorzugehen. Diese Abkommen sind das stärkste Mittel der so genannten EU-Nachbarschaftspolitik, mit der die Union die Länder an den Außengrenzen an sich binden will.

Mit der Ukraine waren die Verhandlungen so weit abgeschlossen. Aber der damalige Präsident in Kiew, Viktor Janukowitsch, zog seine Unterschrift im letzten Moment zurück. Er wolle, erklärte er den erstaunten Europäern, nun doch lieber enger mit der russischen Regierung in Moskau zusammenarbeiten. Putin sagte auch gleich umfassende finanzielle Hilfe für das Land zu.

Seitdem tobt eine erbitterte Auseinandersetzung über die Orientierung des größten Nachbarlandes im Osten der Europäischen Union. Die so genannte Euromaidan-Bewegung demonstrierte Wochenlang für die Annäherung an die Europäische Union, die Unterzeichnung des Assoziierungsabkommens und schließlich auch für die Absetzung von Viktor Janukowitsch und seiner Regierung. Mit dabei waren auch die Partei der ehemaligen Ministerpräsidentin Julia Timoschenko, die selbst noch in Haft saß, sowie der Box-Weltmeister Vladimir Klitschko.

Im Januar floh Janukowitsch nach blutigen Auseinandersetzungen zwischen seinen Schlägertrupps und Demonstranten aus Kiew nach Russland. Die Opposition bildete eine Übergangsregierung und kündigte Neuwahlen für den 25. Mai – symbolisch auch der Tag der Europawahlen etwa in Deutschland – an. Die Europäische Union sagte der Ukraine finanzielle Hilfe und Unterstützung bei den demokratischen Reformen zu. Der erste, politische Teil des Assoziierungsabkommens wurde beim EU-Gipfel im März in Brüssel unterschrieben.

Der Konflikt ist aber noch nicht vorbei. Putin reagierte auf die pro-europäische Bewegung mit einer Militärintervention auf der Krim und erklärte nach einem mehr als fragwürdigen Referendum, die ukrainische Insel für russisches Staatsgebiet. Bis Anfang April 2014 war nicht klar, wie sich die Situation weiter entwickeln würde.

Es ist das erste Mal, dass um einen Nachbarstaat der EU eine solch heftige Auseinandersetzung entbrennt.

Bisher verlief die Nachbarschaftspolitik eher sang- und klanglos. 16 Länder nehmen an dem Programm teil. Dazu gehören neben der Ukraine Ägypten, Algerien, Armenien, Aserbeidschan, Weißrussland,

Georgien, Israel, Jordanien, Libanon, Libyen, die Republik Moldau, Marokko, das besetzte palästinensische Gebiet, Syrien und Tunesien. Von 2007 bis 2013 hat die Europäische Union für ihre Nachbarschaftspolitik rund elf Millionen Euro ausgegeben.

Ziel dieser Politik ist es, einen möglichst sicheren Ring um die Europäische Union herum aufzubauen.

Die Annäherung erfolgt in Stufen: Je mehr Ziele die Länder erreichen, umso mehr bekommen sie von der Europäischen Union. Die EU-Mitgliedsstaaten helfen beim Aufbau von rechtsstaatlichen Verwaltungen, fördern die Korruptionsbekämpfung und die Forschung in den Nachbarländern. Sie locken mit Freihandelszonen und Visa-Erleichterungen für die Einreise in den Schengenraum.

Aber dafür müssen die Länder liefern. Visa-Erleichterungen und eine einfachere Einreise für Studierende und Geschäftsleute gibt es nur, wenn die Länder gleichzeitig bereit sind, Flüchtlinge, die illegal in die Europäische Union gelangt sind, zurückzunehmen. Solche «Mobilitätspartnerschaften» gibt es zum Beispiel mit Moldawien und Georgien.

95. Warum hat die Europäische Union keinen Sitz im UN-Sicherheitsrat? Die Europäische Union ist kein eigenständiger Staat und kann deshalb keinen Sitz für sich beanspruchen. Das verbieten die Regeln der Vereinten Nationen. Allerdings hat die Gemeinschaft seit Mai 2011 einen neuen Status in der Vollversammlung der Vereinten Nationen. Für die Europäische Union sprechen nicht mehr die Vertreter der Mitgliedsstaaten, sondern je nach Thema der Ratspräsident, der Kommissionspräsident oder die Hohe Beauftragte für die Außen- und Sicherheitspolitik.

Zum ersten Mal in der UN-Geschichte sprach Herman van Rompuy im Namen der Europäischen Union bei der 66. Vollversammlung im September 2011. Der Ratspräsident forderte im Namen aller 28 Mitgliedsstaaten eine Zwei-Staaten-Lösung für Israel und Palästina.

Die Europäische Union soll durch diese neue Regel ein wiedererkennbares Gesicht auf der internationalen Ebene bekommen. Im Namen der Europäischen Union spricht nicht mehr der jeweilige Regierungschef eines beliebigen Mitgliedsstaates, sondern der Präsident aller 28 Länder. Die Hohe Beauftragte für Außen- und Sicherheitspolitik der Europäischen Union, Catherine Ashton, erklärte dieses neue Prinzip den Mitgliedern des Sicherheitsrats im Mai 2010. Sie sprach von einem «historischen Schritt» und davon, dass die Europäische Union damit ein noch verlässlicherer Partner für die Vereinten Nationen werde.

Die neue Regelung führt dazu, dass der EU-Vertreter in den Diskussionen früher sprechen und an der Eröffnungsdebatte teilnehmen darf. Allerdings wird dies nicht automatisch zur Folge haben, dass sich die Mitgliedsstaaten in allen außenpolitischen Fragen auf eine gemeinsame Position einigen. Beim Militäreinsatz in Libyen beispielsweise hat sich Deutschland der Stimme enthalten, obwohl die Mehrheit der EU-Staaten sich für eine Beteiligung am NATO-Einsatz ausgesprochen hat. Auch auf den Antrag Palästinas auf eine Aufnahme in den Vereinten Nationen im September 2010 reagierten die EU-Länder unterschiedlich.

Einige Außenpolitiker im Europäischen Parlament wünschen sich langfristig trotz der Schwierigkeiten einen EU-Sitz im Sicherheitsrat. Dafür müsste allerdings erst die UN-Charta geändert werden.

96. Müsste die Europäische Union mehr tun gegen den Hunger in Afrika? Die Entwicklungshilfe hat keine Priorität in Brüssel, schon gar nicht seit dem Ausbruch der Wirtschafts- und Finanzkrise. Seither konzentrieren sich die Staats- und Regierungschefs auf die Rettung der hiesigen Wirtschaft. Die Hilfe für die Ärmsten der Armen ist in den Hintergrund gerückt. Die EU-Staaten halten ihre Versprechen nicht ein: 0,7 Prozent ihres Bruttoinlandsprodukts wollen die EU-Staaten bis 2015 für Entwicklungshilfe ausgeben. Darauf haben sich die 27 Mitgliedsländer 2005 geeinigt. Nach Angaben der Nichtregierungsorganisation Aidwatch schafften es die damals 27 EU-Staaten 2012 gerade mal auf 0,39 Prozent. Das ist das niedrigste Niveau seit 2007 und vier Prozent weniger als im Vorjahr. Deutschland lag knapp darunter. Nur Luxemburg, Schweden, Dänemark und Belgien haben das gesteckte Ziel bereits erreicht.

Und diese Entwicklungshilfe ist bitter nötig. Die Vereinten Nationen warnten im Herbst 2011 vor einem Massensterben in Somalia. Ganze Regionen waren dort von einer Hungerkatastrophe betroffen. Zehntausende Menschen starben, darunter viele Kinder. Nach UN-Schätzungen waren insgesamt über 13 Millionen Menschen in Ostafrika vom Hunger bedroht. Die Europäische Kommission stellte daraufhin ein Extra-Hilfspaket von 175 Millionen Euro zur Verfügung. Damit sollten Projekte gefördert werden, die zu mehr Sicherheit in der Lebensmittelversorgung führen. In Somalia war die Europäische Union der größte Geldgeber mit 215 Millionen Euro für die Jahre 2008 bis 2013. Sie unterstützt dort Projekte von Nicht-regierungsorganisationen und von den Vereinten Nationen. Dazu gehören zum Beispiel Impfprogramme für Nutztiere und Investiti-onshilfen für Kleinbauern.

Aber dieses Geld reicht nicht, um in Zukunft Hungerkatastro-phen zu verhindern. Um langfristig gegen den Hunger in den afri-kanischen Ländern vorzugehen, müsste die Europäische Union auf eigene Vorteile verzichten und zum Beispiel den massiven Import von Hühnerfleisch in die Länder unterlassen. Dann erst könnten sich dort gesunde lokale Märkte entwickeln (→ 98).

Ein weiterer Grund für die Hungerkatastrophe 2011 waren die Re-kordpreise für Grundnahrungsmittel. In Entwicklungsländern muss-ten die Menschen 2011 rund 50 bis 80 Prozent ihres Einkommens für ihre Ernährung ausgeben. In unsere Maßstäbe übersetzt hieße das, ein Brot würde 30, ein Beutel Kartoffeln 50 Euro kosten. Die Schuld daran trägt nicht die Europäische Union alleine. Aber sie beeinflusst mit ihrer Politik die Preise. Zum Beispiel die extreme Förderung von Agrartreibstoffen in der Europäischen Union trägt nach Untersu-chungen der Welthungerhilfe entscheidend zum Anstieg der Preise für Reis und Getreide bei.

97. Ist es sinnvoll, dass einige EU-Staaten Beziehungen zu Diktato-ren unterhalten? «Die größte Unterstützerin einer Diktatur ist die Gleichgültigkeit des Auslands», sagte der syrische Schriftsteller Rafik Schami in einem Interview im Herbst 2011. Das gilt auch für die Europäische Union. Die Mitgliedsstaaten haben sich Anfang Sep-tember 2011 zwar zu Sanktionen gegen das Regime in Damaskus durchgerungen. Allerdings erst Wochen, nachdem der Diktator Ba-schar al-Assad damit begonnen hatte, mit Gewalt gegen friedliche Demonstranten vorzugehen. Und weil es die damalige Berlusconi-Regierung in Rom unbedingt wollte, durften die europäischen Un-ternehmen noch bis Mitte November Öl aus Syrien importieren – trotz offiziellen Embargos.

Etwa zeitgleich trafen sich die EU-Staaten in Paris mit der libyschen Übergangsregierung zu einem pompösen Gipfel. Den Rebellen wurde vom französischen Staatspräsidenten Nicolas Sarkozy ein beeindruckender Empfang bereitet. Nur vier Jahre zuvor hatte im Garten des Stadtpalais Marigny noch der ehemalige libysche Diktator Muammar al-Gaddafi mit seinem Gefolge gezeltet. Nicolas Sarkozy schloss mit ihm umfangreiche Wirtschaftsverträge ab. Frankreich wollte in Libyen sogar Atomkraftwerke bauen.

Das sind nur zwei Beispiele für den Umgang mit Diktatoren in der Europäischen Union. Die wirtschaftlichen Interessen der Länder führen immer wieder zu grotesken Bündnissen, die Menschenrechtler nur verurteilen können. Dazu gehört auch das Abkommen, das Italien einst mit Gaddafi schloss – der Tyrann bekam Millionen von der Europäischen Union, um illegale afrikanische Flüchtlinge, die sich über sein Land auf den Weg nach Europa machten, abzufangen und in ihre Heimatländer zurückzuschicken. Die Europäer hofierten Gaddafi. Sie brauchten ihn als Grenzschützer und sie wollten seine Investitionen und sein Öl. Besonders in Italien hat der Gaddafi-Clan investiert – in die Bank Unicredit, den Rüstungskonzern Finmeccanica und sogar in den Fußballclub Juventus Turin. Als Gegenleistung für solche Investitionen wurde Gaddafi 2007 zum EU-Afrika-Gipfel in Lissabon und ein Jahr später zum G8-Gipfel ins italienische L'Aquila eingeladen. Das Weltwirtschaftsforum in Davos verlieh seinem Sohn Saif al-Islam 2006 den Titel «Young Global Leader».

Ähnlich verhielt es sich mit dem mittlerweile ebenfalls gestürzten ägyptischen Präsidenten Husni Mubarak. Der war seit Juli 2008 Co-Vorsitzender der so genannten Mittelmeerunion, die die Europäische Union damals gemeinsam mit den übrigen Anrainerstaaten gegründet hatte. Die starken Präsidenten galten als Garanten für die Stabilität in der Region. Dafür sahen die EU-Staaten über so manche Menschenrechtsverletzung hinweg.

Auch deshalb waren die Revolutionsbewegungen in den nordafrikanischen Ländern am Anfang nicht einfach für die Europäische Union. Plötzlich wandte sich das Volk gegen die Politiker, die jahrelang von der EU hofiert worden waren.

Zwar stellten sich die EU-Mitgliedsstaaten schnell auf die Seite der Demokratie-Bewegungen in Tunesien, Ägypten oder Libyen, aber in den Ländern gab es lange Skepsis gegenüber der Europäischen Union. Denn durch ihre Politik hatte die Union die Herrschaft der Diktatoren mit gestützt.

Das gilt nach wie vor für den Osten Europas. Auch dort unterhält die Europäische Union Beziehungen zu totalitären Staatsführern, etwa in Aserbaidschan und Usbekistan. Die Europäische Union braucht deren Unterstützung unter anderem für Gasimporte aus der Region.

Für die europäischen Großunternehmen, die in den Ländern Aufträge bekommen, mag dieser freundschaftliche Umgang mit mehr als fragwürdigen Regimen nützlich sein. Dem Ruf der Europäischen Union als Wiege der Menschenrechte und als Verteidigerin der demokratischen Grundwerte schadet er.

98. Warum sind Lieferungen von Fleisch und Gemüse aus der Europäischen Union nach Afrika ein Problem? Die Afrikaner bekommen, was die Europäer übrig lassen, und zwar zu absoluten Billigpreisen. Das zerstört die Märkte in den afrikanischen Ländern und macht die Menschen dort immer abhängiger von den Importen aus der Europäischen Union.

Die EU-Bürger essen gerne Hähnchen: das zarte Brustfilet, die saftigen Schenkel. Aber der Rest – Hals, Innereien, Flügel und Rückenteile – kann hierzulande kaum verkauft werden. Deshalb werden diese Teile nach Afrika exportiert. Und weil die Unternehmen mit dem Verkauf der Filetstückchen in der Europäischen Union schon genug Gewinn gemacht haben, können sie die Reste in den afrikanischen Ländern zu Spottpreisen unter die Leute bringen. Während ein mageres Hähnchenbrustfilet im deutschen Supermarkt durchaus neun Euro pro Kilo kosten kann, werden die Beinchen für 60 bis 90 Cent pro Kilo nach Westafrika exportiert. Die dortigen Bauern können bei diesem Preiskampf nicht mithalten. In Ghana ist von ehemals 100 Prozent Selbstversorgung nur noch ein mickriges Prozent übrig geblieben.

Und die Lage verschlimmert sich: Nach Angaben des Deutschen Evangelischen Entwicklungsdienstes steigen die Exportzahlen rasant. 2010 exportierten die EU-Unternehmen knapp 291 000 Tonnen nach Afrika. Das waren 25 Prozent mehr als im Vorjahr.

Lange Zeit wurden Fleisch- und Gemüseexporte zusätzlich mit EU-Subventionen großzügig unterstützt und die Preise in Afrika noch billiger gemacht. Begründet wurden diese finanziellen Hilfen damit, dass die Produkte innerhalb der Gemeinschaft nicht verkauft werden können und die hiesigen Landwirte unterstützt werden müssen. Südeuropäische Konzerne verkauften so jahrelang Tomatenmark-dosen in Ghana für knapp 30 Cent das Stück. Sie bekamen dafür 380 Millionen Euro EU-Gelder im Jahr.

Vor 15 Jahren gab die Europäische Union für solche Exporthilfen noch rund zehn Milliarden Euro im Jahr aus. Diese extremen Sub-ventionen gibt es mittlerweile nicht mehr. Im EU-Haushalt steht da-für noch ein Budget von einer Milliarde Euro zur Verfügung, das zu-dem nicht jedes Jahr ausgeschöpft wird.

Eigentlich hatte sich die Europäische Kommission verpflichtet, die Subventionen bis 2014 ganz abzuschaffen. Aber auch wenn die Europäische Kommission zurzeit keine Exporte subventioniert; auch nach der Reform der Landwirtschaftspolitik 2013 bleibt die Möglichkeit bestehen, Subventionen einzuführen, sobald es in der Europäischen Union wieder einen Produktionsüberschuss gibt.

Abgesehen von dem wirtschaftlichen Schaden bergen die EU-Im-porte auch gesundheitliche Risiken für die Konsumenten in den afri-kanischen Ländern. Die Fleischteile kommen tiefgefroren in den afrikanischen Häfen an. Aber in den Ländern kann die Kühlkette oft nicht eingehalten werden. Bis zum Verzehr haben sich im Fleisch ge-fährliche Krankheitserreger gebildet.

Einige afrikanische Länder setzen sich jetzt zur Wehr. Kamerun hat den Import von EU-Geflügel verboten. Der Evangelische Ent-wicklungsdienst fordert, dass die Europäische Kommission eine Schlichtungsstelle einrichtet, die Beschwerden von Entwicklungs-ländern verfolgt und ihnen ermöglicht, sich notfalls mit Einfuhr-quoten oder höheren Zöllen gegen die EU-Importe zu schützen.

99. Ist die Europäische Union ein Vorbild für andere? Die Euro-päische Union ist einzigartig in der Welt. Nirgendwo sonst gibt es eine so enge Zusammenarbeit zwischen Nationalstaaten. Ihr wirt-schaftlicher und politischer Erfolg macht neidisch – sogar den rus-sischen Premierminister Wladimir Putin. Der will bis 2015 eine eurasische Union nach europäischem Vorbild schaffen. Als ersten Schritt gibt es bereits eine Zollunion zwischen Russland, Weißruss-land und Kasachstan. Demnächst soll diesem Verbund auch Arme-nien beitreten.

Auch in anderen Teilen der Welt hat die Europäische Union Nach-ahmer. Der ehemalige brasilianische Präsident Luiz Inácio Lula da Silva schrieb 2007 in der französischen Zeitung «Le Figaro», dass die europäische Union eine ständige «Inspirationsquelle» für die regionalen Kooperationen auf dem südamerikanischen Kontinent sei. Gleich drei Organisationen eifern dort der Europäischen Union nach: der Mercosur, die Andengemeinschaft und die Union südamerikanischer Nationen. Ähnlich wie einst die Europäer haben auch die südamerikanischen Länder mit der wirtschaftlichen Zusammenarbeit begonnen – die einen mit Mercosur, die anderen mit der Andengemeinschaft.

Argentinien, Brasilien, Paraguay und Uruguay haben sich 1991 zu Mercosur zusammengeschlossen, einer Organisation, die vor allem einen gemeinsamen Binnenmarkt zum Ziel hat. Der soll wie das europäische Vorbild mit freiem Handel für Waren und Dienstleistungen sowie gemeinsamen Zolltarifen für Importe aus Drittländern funktionieren. Die Mitgliedsländer wollen ihre Wirtschaftspolitik koordinieren und ihre Gesetze angleichen. Neben der wirtschaftlichen Zusammenarbeit verpflichten sie sich, gemeinsame Werte wie Demokratie, Menschenrechte und Umweltschutz zu achten. Ähnlich sind die Ziele der Andengemeinschaft formuliert, zu der sich 1994 Bolivien, Ecuador, Peru und Kolumbien zusammengeschlossen haben.

Ihre Abkommen lesen sich teilweise wie EU-Verträge und Richtlinien. Sogar die Institutionen tragen die gleichen Namen. Es gibt einen «Rat», eine «Kommission» und in der Andengemeinschaft auch ein gemeinsames Parlament. Aber in der Praxis sind diese Organisationen mit der Integration noch nicht so weit gekommen wie die Europäer. Die Institutionen haben kaum oder unklar definierte Aufgaben. Das Parlament der Andengemeinschaft hat rein beratende Funktion. Alle wichtigen Entscheidungen treffen die Staats- und Regierungschefs. Und selbst beim Herzstück der Organisationen, dem gemeinsamen Binnenmarkt, läuft nicht alles rund: Argentinien hat zum Beispiel im Mai 2011 eigenständig Importbeschränkungen für europäische Autos verhängt – unbeeindruckt vom gemeinsamen Binnenmarkt mit den Nachbarn. In der Andengemeinschaft haben nur Ecuador und Kolumbien einen gemeinsamen Zolltarif für Waren aus Drittstaaten. Die anderen drei halten sich nicht an diese Absprachen.

2004 wollten die südamerikanischen Staaten einen neuen Anlauf nehmen und mit der «Gemeinschaft südamerikanischer Nationen» für mehr Integration auf dem Kontinent sorgen. Erstmals haben sich die Mitglieder der beiden bestehenden konkurrierenden Organisationen zusammengeschlossen und gemeinsam mit Venezuela, Chile, Guyana und Surinam die neue Union gegründet. Schon der Name erinnert an das europäische Vorbild. Die Gründer erklärten, dass sie bis 2025 eine mit der Europäischen Union vergleichbare Integration erreichen wollen. Sie planen sogar eine gemeinsame Währung und ein Parlament. Mit einem Mega-Bauprojekt wollen sie beweisen, dass es ihnen diesmal ernst ist. Sie planten eine 2600 Kilometer lange Straße quer über den Kontinent von der Atlantikküste Brasiliens bis zum Pazifik in Peru. Von einer gemeinsamen Währung und einer koordinierten Außenpolitik sind sie aber nach wie vor weit entfernt.

Die afrikanische Version der Europäischen Union ist ebenfalls weitgehend in der zwischenstaatlichen Zusammenarbeit stecken geblieben. 2002 beteiligten sich außer Marokko alle afrikanischen Staaten an der Afrikanischen Union. Im Aufbau ähnelt sie der Europäischen Union mit Parlament, Kommission und gemeinsamem Gerichtshof. Aber ähnlich wie in Südamerika haben die Nationalstaaten bisher kaum Kompetenzen übertragen.

Auf der asiatischen Seite geht die Kooperation bereits etwas weiter. Bereits 1967 schlossen sich Thailand, Indonesien, Malaysia, die Philippinen und Singapur zum Verband südostasiatischer Nationen (ASEAN) zusammen.

Mittlerweile zählt die Union zehn Mitgliedsstaaten. Das ursprüngliche Ziel war – wie in Europa – die Verbesserung der wirtschaftlichen, politischen und sozialen Zusammenarbeit. Im September 2000 beschlossen die Staats- und Regierungschefs, einen gemeinsamen Wirtschaftsraum nach europäischem Vorbild zu gründen. US-Präsident Barack Obama hat im Herbst 2011 eine verstärkte Zusammenarbeit mit dem Staatenbund angekündigt.

Diese regionalen Organisationen werden auch für die Europäische Union zu immer wichtigeren Gesprächspartnern. Die EU-Außenministerin Catherine Ashton trifft sich regelmäßig mit deren Vertretern, um über Probleme in den Regionen zu diskutieren. Mit Mercosur verhandelt die Europäische Union seit Jahren über ein Freihandelsabkommen, das dann direkt für alle vier südamerikanischen Mitgliedsstaaten Gültigkeit hätte.

Ausblick

100. Wächst die Europäische Union immer weiter? Bis Frühjahr 2014 hatten sechs Länder formale Aufnahmeanträge an die Europäische Union gestellt: Island, Montenegro, Serbien, Albanien, die ehemalige jugoslawische Republik Mazedonien und die Türkei. Island will seinen Antrag nach Angaben der isländischen Regierung aber wieder zurückziehen.

Einigen Ländern wurde von der Europäischen Kommission bereits bescheinigt, dass sie eine «europäische Perspektive» haben. Das heißt, ihr Beitritt ist möglich, sobald sie die erforderlichen Kriterien dafür erfüllen (→ 87).

Davon hängt jede Erweiterung ab. Das heißt: Nur wenn die Mitgliedsstaaten wollen – und zwar alle –, dass die Gemeinschaft weiter wächst, geschieht es auch.

Die Verträge legen darüber hinaus eine konkrete Grenze fest: die des europäischen Kontinents. Marokko, die Mongolei oder der Iran kommen als zukünftige Mitglieder also nicht in Frage. In einigen Ausnahmefällen fällt die geografische Begrenzung nicht eindeutig aus. Israel beispielsweise hat einst angekündigt, ebenfalls um eine EU-Mitgliedschaft zu ersuchen, sollte die Türkei eines Tages tatsächlich aufgenommen werden. Die Begründung der israelischen Regierung: Die Türkei liegt nur zu einem sehr kleinen Teil auf dem europäischen Kontinent. Der Hauptteil des Landes gehört schon zu Asien – wie auch Israel.

Die Union kann solche Anträge trotzdem ablehnen, wenn sie es denn für richtig hält. In den Verträgen heißt es, nicht nur das Beitrittsland, sondern auch die Gemeinschaft müsse bereit sein für die Erweiterung. Die Institutionen der Europäischen Union können nicht unendlich weiterwachsen, ohne ihre Arbeitsfähigkeit zu verlieren. Einen praktikablen Kompromiss zu finden ist schon mit 28 Staaten sehr oft schwierig. Mit 30 oder 40 Mitgliedern wäre es praktisch unmöglich, die Union weiter voranzubringen, wenn die Institutionen nicht entsprechend angepasst werden.

Wahrscheinlich ist, dass sich eine Europäische Union aus mehreren Ringen entwickelt: Im Zentrum liegen die Länder, die *alle* gemeinsamen Regeln befolgen. Dazu gehören die gemeinsame Währung, offene Grenzen, eine koordinierte Sicherheits- und Asylpolitik.

Einzelne Länder werden – wie schon heute – auf Ausnahmeregelungen bestehen und zum Beispiel nach dem Vorbild Großbritanniens den Euro nicht als Währung einführen oder sich nicht dem Schengenraum anschließen.

Darum herum gruppieren sich die Länder, die durch Verträge eng an die Europäische Union gebunden sind, ohne Vollmitglieder zu sein. Diesen Ansatz verfolgt bereits die so genannte EU-Nachbarschaftspolitik (→ 94): Die Länder verpflichten sich zu gewissen gemeinsamen Standards mit der Gemeinschaft, und im Gegenzug wird ihnen der EU-Binnenmarkt geöffnet. Verschiedene Stufen sind vorstellbar. Einige Länder könnten das EU-Recht so weit in ihren Ländern umsetzen, dass sie integraler Bestandteil des Binnenmarkts werden und von seinen Vorteilen wie Freizügigkeit für ihre Bürger voll profitieren können. Sie könnten sich auch an gemeinsamen EU-Institutionen wie Europol beteiligen und die Grundrechte-Charta in ihre Verfassung übernehmen. Mit anderen Ländern könnte die Europäische Union reine Freihandelsabkommen schließen.

Diese verschiedenen Partnerschaften könnten sich ziemlich weit ausdehnen – nach Nordafrika, Israel und in die ehemaligen Ostblockstaaten. Es wird auch immer von der Entwicklung von Demokratie und Rechtsstaatlichkeit in diesen Ländern abhängen, wie eng die Bindung an die Europäische Union werden kann. Gleichzeitig muss die Europäische Union sich stärker in überregionalen Organisationen engagieren. Die neuen Regeln bei den Vereinten Nationen (→ 95) sind dafür ein Anfang.

Nur wenn sich die EU-Staaten auf der internationalen Ebene als Einheit präsentieren, haben sie eine Chance, die eigenen Werte und politischen Vorstellungen über die eigenen Grenzen hinaus weiterzutragen. Als der französische Außenminister Robert Schuman nur wenige Jahre nach dem Ende des Zweiten Weltkriegs eine enge Kooperation zwischen Frankreich und Deutschland vorschlug, war das quasi ein Ding der Unmöglichkeit. Wieso sollten wir dann heute nicht von einer Gemeinschaft zwischen Ägypten, Brasilien, der Europäischen Union und Japan träumen?

101. Braucht die Europäische Union eine eigene Regierung?

Während der Eurokrise gab es in den Diskussionen der Politiker und Wirtschaftsexperten zwei Lager. Die einen, euroskeptischen, forderten den Austritt Griechenlands aus der Eurozone, einige gar das

Ende der gemeinsamen Währung und eine Rückkehr in die Zeit souveräner Staaten ohne europäischen Überbau.

Die anderen bewegten sich in die genau entgegengesetzte Richtung. Sie forderten eine engere Verzahnung der Wirtschaftspolitik. Einer ihrer Fürsprecher ist der ehemalige belgische Ministerpräsident und Europaabgeordnete Guy Verhofstadt. Er hat bereits 2006 ein Buch geschrieben mit dem Titel «Die Vereinigten Staaten von Europa». Er träumt darin von einer Föderation der Euroländer und einer Vergemeinschaftung der Wirtschafts- und Sozialpolitik.

Die Idee eines europäischen Föderalstaats ist umstritten. Viele Regierungen und Bürger sind nicht bereit, noch mehr Kompetenzen nach Brüssel abzugeben. Fest steht aber, dass sich viele der heutigen Probleme – die Finanzkrise zeigt es einmal mehr – nicht mehr allein auf nationaler Ebene lösen lassen. Egal ob bei der Finanztransaktionssteuer oder beim Klimaschutz: Damit keinem Land durch strengere Regeln Wettbewerbsnachteile entstehen, müssen möglichst viele bei solchen Maßnahmen mitmachen. Das gilt auf globaler, aber erst recht auf europäischer Ebene.

Wir brauchen nicht unbedingt eine EU-Regierung, aber wir brauchen eine besser funktionierende Europäische Union. Die Europäische Kommission hat bereits Ähnlichkeiten mit einem Regierungskabinett. Ihre Kompetenzen müssen in diese Richtung ausgebaut werden.

Wir brauchen Politiker in den Hauptstädten, die aus der Europäischen Union nicht den Sündenbock für ihre Fehlentscheidungen machen, sondern die ihren Bürgern die Gemeinschaft als Mehrwert präsentieren. Die Menschen müssen wieder Vertrauen schöpfen in die Gemeinschaft. Das kann nur funktionieren, wenn die Institutionen der Europäischen Union näher an die Bürger heranrücken und eine größere demokratische Legitimation bekommen. Die Konzeption eines Föderalstaats kann dabei durchaus helfen.

Die Europäischen Institutionen müssen reformiert werden. Der Präsident der Europäischen Kommission darf nicht mehr von den Mitgliedsländern bestimmt werden, sondern muss von den Bürgern gewählt werden. Bei der Europawahl 2014 machen die europäischen Parteien dazu einen ersten Versuch. Sie haben Kandidaten benannt, die – im Falle des Wahlsiegs – dann Präsident der Europäischen Kommission werden sollen. So wissen die Wähler zumindest, wen sie mit ihrer Stimme unterstützen. Der Europawahlkampf wird etwas mehr personalisiert und europäischer. Allerdings können die Kandidaten dennoch wie bisher nur in ihren jeweiligen Heimatländern auf nationalen Listen gewählt werden. Das wird sich frühestens bei den nächsten Wahlen in fünf Jahren ändern.

Die gesamte Kommission müsste wie eine Regierung organisiert werden mit festen «Ministerien». Es kann nicht so weitergehen, dass jedes Mitgliedsland einen Kommissar nach Brüssel schickt und die Zuständigkeiten je nach Anzahl der Länder immer weiter unterteilt und zerstückelt werden, um jedem Land einen Posten zu sichern. Wie schon im Konvent, der den Vorschlag für eine Europäische Verfassung erarbeitet hat (→ 19), vorgeschlagen, muss die Zahl der Kommissare begrenzt werden. Der Kommissionspräsident muss das Recht bekommen, sich seine Kommissare selbst auszusuchen, und zwar nach deren Kompetenzen und nicht wegen ihrer Staatsangehörigkeit. Das Europäische Parlament würde diese «Regierung» kontrollieren, genauso wie der Bundestag in Berlin das tut. Der Rat der Mitgliedsstaaten würde sich im Laufe der Zeit zu einer zweiten Länderkammer entwickeln, die den wichtigsten Gesetzesvorhaben weiterhin zustimmen muss. Die Europäische Union kann und soll die nationalen Regierungen und Parlamente nicht ersetzen. Aber vieles lässt sich nur gemeinsam regeln, ob uns das gefällt oder nicht. Nationalismus und Abschottung können keine Alternativen sein.

Nur wenn die Europäische Union es schafft, ihre Strukturen zu demokratisieren, kann sie das Vertrauen der Bürger zurückgewinnen. Und das europäische Projekt hat nur eine Zukunft, wenn es von den Bürgern getragen wird.

Danksagung

Bedanken möchte ich mich bei all den Menschen, die mir bei meinen Recherchen geholfen haben. Besonderer Dank gilt Paul Collowald, dem ehemaligen Sprecher der Europäischen Kommission, und seinem unglaublichen Gedächtnis.

Bei den Europaabgeordneten Jo Leinen, Ska Keller, Rebecca Harms, Michael Cramer und Alexander Alvaro sowie deren Mitarbeitern möchte ich mich für die informativen Gespräche bedanken.

Zeit genommen für meine Fragen haben sich auch zahlreiche Sprecher der Europäischen Kommission, unter anderen Matthew Newman, Michael Mann, Catherine Ray und Ian Andersen sowie Nicolas Beger von Amnesty International, Frauke Thies von Greenpeace, Jana Mittermaier von Transparency International, Francisco Mari vom Evangelischen Entwicklungsdienst, Karoline Schacht und Alberto Arroyo Schnell vom WWF.

Zu guter Letzt möchte ich meinen Kollegen, Freunden und meiner Familie danken, die mich ermutigt haben und mir Zeit schenkten, um Inhalte zu diskutieren und Manuskripte durchzusehen: Petra Schmitt-Wilting, Nina Spranz, Mirjam Stöckel, Christina Kiesewetter, Alain Bloëdt und Angelika Reichstein.

Bildnachweis